KB270006

테스

Tess of the d'Urbervilles

토마스 하디

다락원 · WILEY
Publishers Since 1807

세계의 교양을 읽는다

고전을 왜 읽는가?

인간의 삶과 세상에 대한 영원한 물음이 있기 때문이다. 시대와 사상을 뛰어넘어 지금 여기 우리에게 필요한 물음이 없는 고전은 더이상 고전이 아니다. 인간과 삶에 대한 근원적인 물음 없이 고전을 읽는다면 자신과 인간에 대한 성찰과 지혜로 이어지지 않는다. 논술 시험 때문에, 과제물 때문에, 아니면 남들이 읽으니까, 나도 읽는다는 식이라면 그 책은 죽은 책일 수밖에 없다.

고전을 살아 있는 책으로 만드는 이 '물음!'에 답하기 위해서는 좋은 길잡이가 필요하나. 40년 이상 미국의 고교생과 대학 주니어들이 시험, 에세이 작성, 심층토론 준비를 위해 바이블처럼 애용해온 'CliffsNotes'와 'SPARKNOTES'는 바로 그런 좋은 길잡이의 표본이다. 이 두 시리즈가 원조 논술연구모임인 '일이관지(一以貫之)' 팀의 촌철살인적 해설을 곁들여 〈다락원 명작노트〉로 재탄생해 논술로 고민중인 대한민국 학생 여러분을 찾아간다.

CliffsNotes와 SPARKNOTES의 가장 큰 장점은 방대하고 난해한 고전을 Chapter별로 요약하고 분석해서 원전의 내용에 보다 쉽고 체계적으로 접근하는 신속·간편성이라고 할 수 있다. 여기에 '一以貫之'팀이 원전의 중요한 문제의식, 즉 근원적 '물음'은 무엇이며, 그 '물음'은 오늘날에도 여전히 유효한가, 라는 질문을 다시 던진다.

대입논술로 고민하고, 자칭 타칭의 고전이 넘쳐나는 오늘의 독서풍토에서 지적 정복이 긴박한 대한민국 학생들에게 감히 이 시리즈를 자신 있게 권한다.

一以貫之 논술연구모임 연구실장 이호곤

차례

CliffsNotes와 SPARKNOTES는 방대한 원작을 보다 쉽게 이해할 수 있도록 돕는 안내서입니다. 원작 이해를 돕기 위해 작가와 작품에 대한 배경지식, 그리고 매 장마다 간단한 '줄거리'와 '풀어보기'가 실려 있습니다. '줄거리'를 통해서는 원작의 내용을 명쾌하게 파악함으로써 독서의 즐거움을 느낄 수 있을 것입니다. '풀어보기'에는 원작에 담긴 문학적 경향, 등장인물의 심리상태, 시대상, 주제 등을 설명해 놓았습니다. 비판적 글읽기의 바탕이 되는 요소들이죠. 비판적 글읽기는 소설과 비소설 작품을 막론하고 책을 읽을 때 꼭 필요한 자질입니다.

그 밖에도 작품을 좀더 심오하게 분석할 수 있도록 '마무리 노트', 'Review' 등을 마련해 놓아 독자 여러분의 글읽기를 돕고 있습니다.

CliffsNotes에는 특히 관심을 갖고 읽어야 할 필수요소를 강조하기 위해 다음 네 가지 아이콘을 사용하고 있습니다.

작품 속에 내재된 주제를 드러내줍니다.

등장인물의 속내를 알 수 있도록 도와줍니다.

배경, 분위기, 열정, 폭력, 풍자, 상징, 비극, 암시, 불가사의 등의 요소를 밝혀줍니다.

단어와 문구의 미묘한 느낌을 감상할 수 있도록 해줍니다.

* 〈　〉는 장편소설, 중편소설, 논픽션, 시집, "　"는 수필집, 단편소설

● 일이관지(一以貫之) 논술 노트

권말에는 一以貫之 논술팀에서 작성한 논술 노트가 실려 있습니다. 원작을 우리의 삶과 연계시켜 비판적 사고와 논리적 글쓰기의 방향을 제시합니다.

● 실전 연습문제

실전 연습문제를 통해서는 원작을 바탕으로 출제 가능성이 높은 논점을 함께 숙고해 봅니다.

작가의 생애

작가의 생애

어린 시절

　　토마스 하디 Thomas Hardy는 1840년 6월 2일 토마스 하디와 저마이머 하디 부부의 맏아들로 영국 도싯 주(州) 어퍼보컴프턴에서 태어났다. 아버지는 석공이자 목수였고, 책을 사랑한 어머니는 독서가 기질을 아들에게 물려주었다. 광활한 들판 한가운데 있는 시골에서 다소 외로운 어린 시절을 보낸 하디는 자연히 농촌 생활을 주의 깊게 관찰하면서 성장했다. 따라서 그의 소설들은 시골과 농촌 생활에 대한 치밀하고 정확한 묘사가 큰 특색을 이루고 있다. 그는 열여섯 살 때까지 학교 교육을 받았으나 그 고장의 건축기사 존 힉스의 제자로 수습 생활을 시작하면서 학교는 더 이상 다니지 않았다.

젊은 시절

　　하디는 스물두 살이 되던 1862년 런던으로 떠났다. 아서 블룸필드의 건축사무소에서 제도사로 일하며 건축공부를 하기 위해서였다. 런던에서 그는 찰스 스윈번*, 로버트 브라우

---

* **찰스 스윈번**(Charles Swinburne, 1837-1909)：영국의 시인이자 평론가. 극시 〈칼리돈의 아탈란타〉, 〈시와 발라드〉 등이 있다.

닝**, 그리고 〈종(種)의 기원 *Origin of Species*〉의 저자 찰스 다
윈의 저서들에 영향을 받았다. 그 후 1856년 건강이 나빠져
귀향한 그는 다시 힉스와 또 다른 건축가 G. R. 크릭메이 밑에
서 일했다.

　그는 대학에 진학해서 성공회 신부가 되고 싶었지만 경
제적으로 어렵고 종교에 대한 흥미가 시들해져서 그 소망을
접고 독학으로 시작(詩作)과 문필 수업에 더 큰 관심을 쏟았다.
열일곱 살 때부터 습작을 시작한 그는 건축가로 생활하면서
도 여러 해 동안 글을 썼다. 첫 소설 〈가난한 사람과 숙녀 *The
Poor Man and the Lady*〉(1867-68)의 원고는 여러 출판사에서
퇴짜를 맞았으나 편집자 조지 메러디스의 인정과 격려에 힘입
어 개작했다. 두 번째 소설 〈최후의 수단 *Desperate Remedies*〉
은 1871년에 출간되었고, 다음 소설 〈녹음 아래서 *Under the
Greenwood Tree*〉(1872)는 하디가 개성적 문체를 지닌 세련
된 작가로 다듬어졌음을 보여준다.

　1870년, 콘월의 세인트 줄리엇 교회의 복원 공사에 파
견된 그는 에마 러비니어 기퍼드를 만나 1874년 결혼했다. 아
내의 격려에 힘을 얻은 하디는 마침내 문필 생활에 전념하기
위해 건축 일에서 손을 뗐다.

** **로버트 브라우닝**(Robert Browning. 1812-89): 영국의 시인. 테니슨과 함께 빅토리아 시대
　를 대표한다. 대표작 〈반지와 책〉.

작품 활동

하디는 월간지 콘힐에 소설 〈푸른 눈동자 *A Pair of Blue Eyes*〉(1873)를 11개월간 연재하기로 계약한 이후부터 신진작가로서의 명성을 얻어 가족을 부양하며 생활할 수 있었다. 다음 소설 〈광란의 무리를 멀리 떠나서 *Far from Madding Crowd*〉(1878)에서는 〈더버빌 가의 테스 *Tess of the d'Urbervilles*〉(일명 〈테스〉로 더 잘 알려져 있다.)의 무대가 된 웨섹스 지방의 배경을 도입하기 시작했고, 이어 출간된 〈귀향 *The Return of the Native*〉(1878)과 〈캐스터브리지의 시장 *The Mayor of Casterbridge*〉(1886)으로 중견 작가의 반열에 올랐다.

그 후 〈테스〉(1891)와 〈미천한 사람 주드 *Jude the Obscure*〉(1895) 등을 더 내놓았는데, 이것이 그의 마지막 장편소설이 되었다. 이 두 작품은 근엄한 빅토리아 시대의 분위기와 정서에 정면 도전하는 요소를 많이 담고 있어서 큰 물의를 빚었다. 영국 사회의 인습과 종교인의 편협한 태도를 신랄하게 공격하면서 당시로서는 부도덕하게 여겨지는 성(性), 살인, 사생아, 혼전동거 등을 대담하게 그렸기 때문에 폭풍처럼 몰아치는 비난과 공격적인 비판을 받았던 것이다. 이에 깊은 충격을 받은 그는 더 이상 소설을 쓰지 않기로 결심하고, 좀더 추상적인 시작(詩作)으로 방향을 전환했다.

그 뒤 하디는 장편은 쓰지 않고 단편소설, 900편이 넘는 시, 그리고 희곡만 썼다. 그때 나온 작품이 나폴레옹 시대를 배경으로 자기 사상을 모두 쏟아 부은 대서사극 〈패왕(覇王)들: 나폴레옹 전쟁의 드라마 *The Dynasts: A Drama of the Napoleonic War*〉(1903-08)와 서정시집 "겨울 이야기 Winter Word"(1928)다. 1914년 아내를 여읜 그는 같은 해 조수였던 플로렌스 에밀리 더그데일과 재혼해서 1928년 세상을 떠날 때까지 함께 살았다.

하디의 시신은 웨스트민스터 사원 시인 묘역에 묻혔으며, 심장만은 유언에 따라 스틴슨에 있는 조상과 첫 아내 에마의 무덤 옆에 매장되었다. 나중에 두 번째 부인은 남편 옆에 묻혔다.

작품 노트

작품의 개요

　　토마스 하디는 이 작품을 쓰기 시작하면서 주인공 이름을 러브, 시스, 시시, 슈를 놓고 고민하다가 결국 테스로 결정했다고 한다. 처음에는 원고를 연재물로 내놓을 의도로 집필에 들어갔다. 독자의 반응과 출판사의 의향을 보아가며 두서너 장씩 발표했다가 나중에 단행본으로 엮어 출판할 계획이었다. 그는 1887년에 틸로츤 앤 선 출판사와 계약하고 1887년부터 1889년 6월 30일 사이에 4회에 걸쳐 원고를 넘겨주기로 했으며, 같은 시기에 미국의 하퍼스 바자 출판사와도 협상을 진행했다.

　　이 작품을 검토하고 지나치게 음란하다고 판단한 틸로츤 앤 선 출판사의 편집자들이 일부 개작과 삭제를 요청했지만 하디가 거절하는 바람에 계약을 무효화하기로 합의했다. 다행히 런던의 주간지 그래픽 일러스트레이티드 위클리 뉴스페이퍼가 출판을 제의해 많은 수정을 거친 후 영국(그래픽, 노팅엄셔 가디언, 미들랜즈 카운티 어드버타이저)과 호주(시드니 메일)에서 빛을 보게 되었다. 미국에서는 같은 해 7월 18일 하퍼스 바자에서 출간했다.

　　〈테스〉는 연재물로서 좋은 반응을 얻은 후, 세 권의 책으로 출판되었다. 이 소설은 1892년 말 한 권의 단행본으로 출판된 뒤에도 잘 팔려나갔다. 1900년에는 보급판이 나와 한

해에 영국에서만 30만 부가 팔렸다. 하디는 판을 거듭할 때마다 손질을 했는데 1928년 세상을 떠날 때까지 계속 개정판을 냈다.

초기의 비평

이 소설에 대한 첫 비평은 대체적으로 좋은 편이었지만, 나중에 평론가들은 중대한 결함이 있다며 공격하기 시작했다. 세터데이 리뷰는 '대단히 불쾌한 방식으로 쓰여진 유쾌하지 않은 소설'이라고 혹평했고, 평론가 모브레이 모리스는 맥밀런 매거진 사가 출판을 거절하면서 하디에게 보낸 편지를 공개하기도 했다. 당시 맥밀런 매거진에 기고하는 문인들 가운데는 테니슨*, 허버트 콜리지, 브렛 하트**, 모브레이 모리스 등이 있었다. 하퍼스 위클리는 〈테스〉를 '우리가 아는 어떠한 건전한 세계에서도 현실적이라고 할 수 없는 부자연스러운 이야기'라고 혹평했다. 그러나 소설가 헨리 제임스***는 '허위와 결함으로 가득 차 있지만, 독특한 아름다움과 매력을 가지고 있다'고 평했고, 일부에서는 이 소설이 '개인적 취향에는 맞지 않는 점이 있다고 생각하지만, 위대한 작품'이라고 인정했다.

---

* **테니슨**(Alfred Tennyson. 1809-92): 영국 시인. 빅토리아 시대를 대표하는 장시 "인 메모리엄"을 썼다.

** **브렛 하트**(Bret Harte. 1836-1902): 미국의 소설가. 대표작 〈정직한 사람 제임스 이야기〉.

*** **헨리 제임스**(Henry James. 1843-1916): 미국의 소설가 겸 비평가. 대표작 〈어떤 부인의 초상〉.

어틀랜틱 먼슬리는 '지금까지 나온 하디의 최고 걸작'이라고 호평했다.

　그러나 하디는 긍정적인 비평은 간과했던 것 같다. 모리스의 비평을 읽은 뒤, "그래, 이런 일이 계속된다면, 더 이상 소설을 쓰지 않겠다"라고 썼고, 실제로도 〈주드〉 이후에 그 맹세를 실천에 옮겼다.

　어쨌든 〈테스〉는 하디의 생전에도 잘 팔렸고, 여전히 수많은 평론이 쏟아져 나오고 있다. 어느새 부정적인 비판은 잠잠해졌고, 오늘날에도 영국 문학의 영원한 고전으로 널리 읽히고 있다.

시대적 배경

　하디가 살았던 빅토리아 시대는 위대한 변화의 시기였다. 63년에 걸친 빅토리아 여왕의 재위기간 동안(1837-1901) 영국은 식민지 개척과 산업혁명에 힘입어 세계에서 가장 부강한 나라가 되었다. 인구는 배로 불어나고, 국가 경제는 농업 기반에서 공업 중심으로 전환되었다. 많은 국민이 참정권을 얻었으며, 이를 통해 정부에 대한 영향력을 강화했다. 의회는 노동 조건을 개선하는 노동법을 통과시켰고, 어린이를 위한 공교육제도를 확립했으며, 공직 근무 제도를 개혁했다. 그리고 대외 무역 규제에도 종지부를 찍어 날로 확대되는 국제 시장에 원자재와 완제품의 공급하는 길을 열었다.

국민 복리에 관심이 많았던 빅토리아 여왕은 뜻있는 개혁 조치들을 통과시키기 위해 애썼고, 신민들로부터 널리 존경받았다. 그녀가 거느린 역대 총리들은 여왕을 잘 보필했으며, 여왕은 군주의 권력을 축소하고 내각에 힘을 실어주었다. 그 결과, 영국 왕실은 대부분의 왕실과는 달리 현재까지도 비교적 잘 유지되고 있다.

빅토리아 시대에 일어난 변화는 모든 사람들의 삶에 크고 작은 영향을 미쳤다. 영국이 농업을 토대로 한 사회에서 세계 시장을 겨냥해 많은 상품을 생산하는 산업기지로 신속히 전환되면서 가내수공업 작업장들이 공장으로 바뀌고, 많은 사람들이 일자리를 찾아 작은 농촌 마을에서 대도시로 이동했다. 증기선의 발명과 철도 체계의 발달로 사람과 물자의 교통이 늘어났다. 더불어 이 시대 이전에는 상상할 수조차 없었던 큰 권력과 부를 얻게 되고 번영을 누리는 사람들이 많아지자, 전통적인 계급 차별의 균형이 흔들리기 시작했다. 이 소란스러운 변화는 전통적 사고방식과 행동양식을 재편하는 결과를 낳았고, 영국 사회의 뿌리가 되어온 가족, 종교, 계급구조 같은 문제를 점점 더 철저히 따져보는 계기가 되었다.

이 같은 변화에 특히 큰 영향을 받은 분야가 종교다. 영국 국교인 성공회는 전통적으로 보수적이고 원문에 충실한 성서 해석을 제공해 왔다. 그러나 빅토리아 시대의 사람들이 교회를 개인적인 구원의 매개자일 뿐만 아니라 사회적 변화의 매개체로 보기 시작하면서, 교회가 어떻게 하면 이런 임무를 충실히 충족시킬 수 있을까, 그리고 심지어는 교회가 과연 이런 임무를 해낼 수 있을까, 하는 의문이 대두되었다. 그 결과는 고(高)교회, 중(中)교회, 저(低)교회 등 세 가지 종교운동을 지지하는 교회의 분파로 나타났다.

'고교회' 운동은 영국 국교회 교리의 '가톨릭적인' 측면을 성공회의 그것과 일치시키기 위해 시작되었다. 그 발상은 전통적인 예배나 종교 의식(儀式)이 신앙을 표현하는 기준이 되어야 하며, 교회가 최고 권위를 지녔다는 데 뿌리를 두고 있었다. '중교회' 운동은 전통을 덜 중시하고, 신앙은 사회적 활동을 포함한 여러 방식으로 표현할 수 있다고 생각했다. '저교회' 운동은 교회를 안팎에서 개혁할 수 있는 세력은 당시의 중대 현안, 즉 가난한 사람들을 위해 주택과 복리, 사회개혁 문제들을 해결하려고 노력하는 복음주의자들이라고 믿었다. 복음주의자들은 필요할 경우, 수단과 방법을 가리지 않고 세계에 복음을 전파해야 한다는 생각도 가지고 있었다.

이러한 이념 분열 속에서 종교적 자유주의자들과 보수주의자들은 신앙과 종교 의식의 근본 문제를 둘러싸고 논쟁을 벌였다. 우리는 이처럼 종교와 신앙에 의문을 품고 삶의 의미와 진실을 모색하는 세계에서 테스가 자신을 발견하려고 애쓰는 모습을 볼 수 있다.

문학적 배경

빅토리아 시대의 영국 문단은 그 규모가 어마어마하게 커서 몇 명의 작가로 경향을 분류하기는 어렵다. 하디와 동시대의 문인들 가운데는 찰스 디킨스[*], 테니슨 경, 로버트 브라우닝, 매슈 아놀드, E. M. 포레스터, 조셉 콘래드[**] 등이 있었다. 이들은 각각 인간의 보편적인 지식에 기여하면서 영국적 '담론'의 일부가 된 문제들을 다루었다.

디킨스는 〈올리버 트위스트 *Oliver Twist*〉, 〈데이비드 코퍼필드 *David Copperfield*〉, 〈황폐한 집 *Bleak House*〉 등의 소설에서 가난한 어린이들에 대한 처우와 법원, 성직자들을 비판했다. 윌리엄 새커리는 〈허영의 시장 *Vanity Fair*〉에서 빅토리아 사회 전반에 도전장을 던졌다. 브론테 자매인 에밀리, 샬럿, 앤은 〈워더링 하이츠(폭풍의 언덕) *Wuthering Heights*〉, 〈제인 에어 *Jane Eyre*〉, 〈아그네스 그레이 *Agnes Grey*〉에서 낭만적 요소와 비극적인 남녀 주인공의 이야기를 엮어냈다. 매슈 아놀드는 시 "학생 집시 The Scholar Gypsy"와 "도버 해변 Dover Beach"에서 세속적인 행복이 중요한가, 종교적인

---

[*] **디킨스**(Charles Dickens. 1812-70): 영국의 소설가. 대표작 〈올리버 트위스트〉, 〈크리스마스 캐럴〉 등.

[**] **조셉 콘래드**(Joseph Conrad. 1857-1924): 영국 소설가 겸 해양 문학의 대표적 작가. 19세기와 20세기를 연결시키는 중요한 작가로 간주된다. 대표작 〈모비딕〉.

신앙이 중요한가, 하는 문제를 거론했다. 테니슨은 죽은 친구에게 바치는 장시 "인 메모리엄 In Memoriam"에서 그 시대의 지적·종교적 문제를 토로한다. 콘래드는 소설 〈로드 짐 *Lord Jim*〉과 〈어둠의 심연 *Heart of Darkness*〉에서 죄와 영웅심리, 명예의 심리에 관해 쓰고 있다.

〈테스〉는 하디의 '웨섹스 소설'들 가운데 한 편이다. 소설의 무대가 웨섹스 지방이기 때문에 붙여진 명칭으로, 〈캐스터브리지의 시장〉(1886)과 〈주드〉(1895)가 포함된다. 이 작품의 주인공들은 각각 운명을 극복해야 하거나, 그 속에서 파멸한다. 〈캐스터브리지의 시장〉에서는 존경받는 인물 마이클 헨처드가 정신적·육체적으로 의욕에 넘치지만 결국 그것으로 인해 파멸로 몰린다. 〈주드〉의 주인공 주드 파울리는 비참한 절망 상태에서 고통받다가 테스처럼 운명의 희생자가 되고 만다.

줄거리

열여섯 살의 순박한 시골 소녀 테스 더비필드는 존 더비필드와 조운 더비필드 부부의 맏딸이다. 어느 날 밤, 길을 가다가 우연히 트링엄 목사를 만난 존 더비필드는 자신이 예전에 많은 땅을 소유했던 부유한 더버빌 가문의 후예라는 사실을 알게 된다. 정복왕 윌리엄 시대까지 거슬러 올라가는 유서 깊은 집안 자손이란 것이다. 인근에 일가가 살고 있다는 것을 알게 된 더비필드 부부는 어려운 형편을 덜어볼 심산으로 딸 테스를 보내 친척이란 사실을 밝히고 가까이하려고 한다. 테스는 슬로프 장(莊)의 더버빌 가를 찾아가던 길에 그 집의 외아들 알렉 더버빌을 만난다. 첫눈에 테스에게 마음이 끌린 그는 테스에게 장님인 어머니의 애완용 닭들을 돌보는 양계장 관리자 일을 마련해 준다. 테스는 그 일자리를 맡기 위해 슬로프 장으로 가고, 그곳에서 사는 동안 알렉은 테스를 유혹해 강간한다.

집으로 돌아온 테스는 강간으로 생긴 아기 소로를 낳는다. 그녀는 이웃 농장에서 일꾼으로 일한다. 젖먹이 소로가 병으로 죽자 깊은 절망에 빠진 테스는 다시 집을 떠나 가까운 톨보세이즈 낙농장으로 가서 소젖을 짜는 인부가 된다. 그곳에서 테스는 농사일을 배우러 온 엔젤 클레어를 만나 사랑에 빠진다. 엔젤이 청혼하자 과거가 마음에 걸린 그녀는 처음에는 망설이지만 결국 결혼한다. 그동안 여러 차례 엔젤에게 과거를 고백하려고 했으나, 기회를 놓치고 만다. 결혼식을 올린 두 사람은 서로에게 과거를 털어놓는다. 테스는 알렉이 연상의 여인과 가졌던 무분별한 관계를 용서하지만, 엔젤은 테스의 출산 사실을 끝내 용서하지 못한다.

별거를 제안한 엔젤은 1년쯤 브라질에 갈 테니 테스에게는 친정으로 돌아가라고 말한다. 고향집으로 간 테스는 다

시 일거리를 찾아 다른 고장에 있는 플린트콤-애시 농장으로
떠난다. 그곳의 노동 조건은 대단히 열악하다. 테스는 그 농장
에서 톨보세이즈 시절의 몇몇 친구들과 재회한다. 그들은 모
두 플린트콤 농장의 계약노동자가 되어 고된 작업으로 하루하
루를 보낸다. 테스는 가까운 에민스터에 사는 엔젤의 가족을
만나보기로 마음먹고 찾아가지만 마지막 순간에 용기를 잃고
돌아선다. 플린트콤으로 되돌아가는 길에 그녀는 다시 알렉을
보게 된다. 거리의 복음전도사가 된 그는 장터에서 시골 사람
들을 상대로 설교를 하고 있다. 테스를 보자 말문이 막혀 한참
동안 멍하니 서 있던 그는 설교단을 떠나 플린트콤-애시까지
따라오면서 결혼하자고 간청한다. 테스는 완강히 거절하지만
알렉은 물러서지 않는다.

　　테스가 부모 집으로 돌아가 보니 병에 걸렸던 어머니는
회복중이다. 그러나 아버지가 갑자기 알 수 없는 병으로 세상
을 떠나면서 가족을 먹여 살리는 무거운 짐이 테스의 어깨에
떨어진다. 오두막집에서도 쫓겨나고, 극도의 가난에 빠진 가
족은 고립무원의 처지가 된다. 테스는 알렉의 돈과 가족이 누
릴 평안을 끝까지 거부할 수 없으리라 느낀다. 게다가 알렉은,
엔젤이 그녀를 버렸으며 다시 돌아오지 않을 것이라고 단언한
다. 테스도 이미 그렇게 생각하고 있다.

　　한편, 엔젤은 테스를 찾아 영국에서 농장을 꾸리기 위
해 귀국한다. 엔젤이 테스의 가족에게 가자 그녀의 어머니는

테스가 영국 남부의 아름다운 해변 휴양지 샌드번에 갔다고 알려준다. 엔젤은 그곳에서 상류층 귀부인이 되어 알렉 더버빌과 살고 있는 테스를 찾아낸다. 엔젤은 성급한 판단으로 그녀를 너무 가혹하게 대했고, 너무 늦게 돌아왔다고 뉘우치며 그곳을 떠난다.

엔젤을 만난 후 테스는 알렉에게 대들면서 엔젤에 대해 거짓말을 했다고 비난하고, 분노와 노여움에 사로잡혀 식탁용 칼로 알렉의 심장을 찔러 살해한다. 그녀는 엔젤을 찾아가서 자기가 저지른 끔찍한 일을 털어놓는다. 엔젤은 그녀의 이야기가 믿기 어려웠지만, 그녀를 기꺼이 맞아들인다.

두 사람은 경찰의 추격을 피하기 위해 후미진 길을 골라 시골로 간다. 그들의 계획은 가능한 한 빨리 항구를 찾아 영국을 떠나는 것이다. 그들은 빈 집에서 일주일을 보내면서 짧은 기간이나마 재결합의 환희를 맛본다. 그러나 옛날 이교도들의 유적지인 스톤헨지에서 경찰에 발각되어 테스가 연행되면서 도피행각은 끝난다.

처형되기 전, 테스는 엔젤로부터 동생 리자 루와 결혼하겠다는 약속을 받아낸다. 교수형이 집행되는 날, 엔젤은 리자 루와 함께 윈턴체스터 시청사 위에 게양된 검은 깃발을 바라본다. 테스의 처형을 알리는 신호다. 엔젤과 리자 루가 그 자리를 떠나면서 테스의 비극적 이야기는 막을 내린다.

등장인물

테스(테레사) 더비필드 *Tess (Teresa) Durbeyfield*   아름답고 고혹적이다. 교육을 많이 받지 못했으며, 세상이 욕정과 잔혹과 허영으로 가득 차 있다는 것을 모르는 순진한 소녀.

알렉 더버빌 *Alec d'Urberville*   더버빌 가의 상속자. 테스를 유혹하기 위해 슬로프 장으로 불러들인 장본인. 바람둥이로 닥치는 대로 여성들을 유린한다. 테스를 망쳐놓고도 훨씬 나중까지 자기 아이를 낳은 사실조차 모른다. 테스에게 남편 엔젤이 브라질에서 돌아오지 않을 것이라고 믿게 만들었으나, 결국 그녀를 속인 대가로 목숨을 잃게 된다.

엔젤 클레어 *Angel Clare*   에민스터에 사는 클레어 목사의 막내아들로 테스와 결혼한다. 그 후 아내의 과거를 알게 되자 브라질로 떠난다. 1년 만에 귀국해서 아내를 찾지만 이미 알렉과 동거중이다. 테스가 알렉을 살해한 뒤, 체포될 때까지 함께 지낸다. 테스가 처형되면 리자 루와 결혼하기로 테스와 약속한다.

존 더비필드 *John Durbeyfield*   테스의 아버지. 채소와 닭을 구입해 소매상에 넘기는 중개인이자 행상. 무식하고 가난하고 무능한 술주정꾼. 가족을 제대로 부양하지 못하며, 가족을 극빈 상태에 남겨두고 죽는다.

조운 더비필드 *Joan Durbeyfield*   테스의 어머니. 일곱 자녀를 기르기 위해 애쓴다. 더버빌 집안으로 테스를 보내는 계획을 구상한다. 테스에게 남자들의 성욕과 사랑의 의미를 미리 일러주지 않는 실수를 범한다.

엘리자-루이스(리자 루) *Eliza-Louise (Liza Lu)* 더비필드 집안의 둘째 딸. 이 소설이 시작될 때 열두 살인데, 가끔 등장한다. 테스의 유언으로 엔젤과 결합하게 된다.

에이브러햄, 호프, 모데스티 더비필드 *Abraham, Hope, and Modesty Durbeyfield* 더비필드 집안의 아이들. 테스의 동생들.

소로 더비필드/더버빌 *Sorrow Durbeyfield/d'Urberville* 테스와 알렉 더버빌 사이에 생긴 아기. 젖먹이 때 죽는다.

클레어 목사 부부 *Parson and Mrs. Clare* 엔젤의 부모.

트링엄 목사 *Parson Tringham* 존 더비필드에게 그의 가계(家系)와 혈통에 관해 이야기를 들려준 목사.

더버빌 부인 *Mrs. d'Urberville* 알렉의 어머니. 슬로프를 소유한 장님 노파.

머시 챈트 *Mercy Chant* 엔젤의 가족이 엔젤과 결혼하기를 바란 여자.

리처드 크릭 씨 *Mr. Richard Crick* 톨보세이즈 낙농장의 소유주. 테스와 엔젤에게 친절하게 대한다.

이즈 휴잇, 마리언, 레티 프리들 *Izz Huett, Marian, and Retty Priddle* 톨보세이즈 낙농장과 플린트콤-애시 농장에서 테스와 힘께 지내는 친구들.

농부 그로비 *Farmer Groby* 테스가 일하는 플린트콤-애시 농장의 주인. 일꾼들을 호되게 몰아세우며 혹사시킨다.

브룩스 여사 *Mrs. Brooks* 알렉이 살해된 샌드번 소재 여관인 백로관(白鷺館)의 여주인.

등장인물 관계도

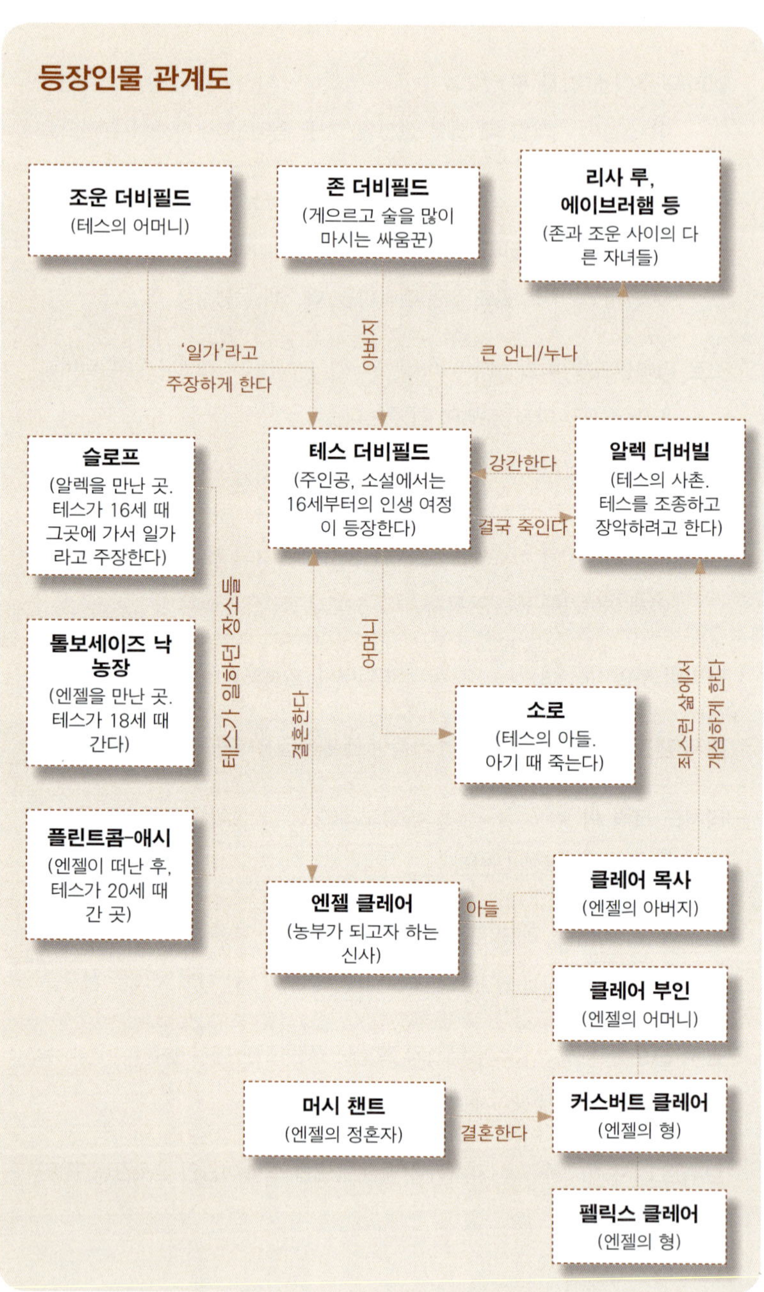

조운 더비필드
(테스의 어머니)

존 더비필드
(게으르고 술을 많이 마시는 싸움꾼)

리사 루, 에이브러햄 등
(존과 조운 사이의 다른 자녀들)

'일가'라고 주장하게 한다

남편

큰 언니/누나

슬로프
(알렉을 만난 곳. 테스가 16세 때 그곳에 가서 일가라고 주장한다)

테스 더비필드
(주인공, 소설에서는 16세부터의 인생 여정이 등장한다)

강간한다

알렉 더버빌
(테스의 사촌. 테스를 조종하고 장악하려고 한다)

결국 죽인다

테스가 일하던 장소들

톨보세이즈 낙농장
(엔젤을 만난 곳. 테스가 18세 때 간다)

어머니

소로
(테스의 아들. 아기 때 죽는다)

죄스런 삶에서 개선하게 한다

플린트콤-애시
(엔젤이 떠난 후, 테스가 20세 때 간 곳)

결혼한다

엔젤 클레어
(농부가 되고자 하는 신사)

아들

클레어 목사
(엔젤의 아버지)

클레어 부인
(엔젤의 어머니)

머시 챈트
(엔젤의 정혼자)

결혼한다

커스버트 클레어
(엔젤의 형)

펠릭스 클레어
(엔젤의 형)

Chapter 별
정리
노트

제1부: 처녀

Chapters 1-4

 **비극은 싹이 트고**

1800년대 말, 영국 남부의 웨섹스 지방. 도붓장수 존 더비필드가 일을 마치고 귀가하는 길에 시골 목사를 만난다. 목사는 그에게 더비필드 가문의 내력을 들려준다. 더비필드 집안이 정복왕 윌리엄 시대까지 거슬러 올라가는, 한때 돈 많고 이름난 더버빌 가문의 후손이라는 것이다. 우쭐해진 존은 이 좋은 소식을 가족에게 전하려고 서둘러 집으로 간다. 그의 가족은 어렵게 살고 있다. 그가 가족을 잘 부양하지 못하고, 아내가 그럭저럭 살림살이를 꾸려가고 있는 탓이다. 아이들이 모두 일곱이고, 테스(테레사)가 맏이다. 존의 아내 조운은 열여섯 살 먹은 테스를 인근에 살고 있다는 재산 많고 지체 높은 친척집에 보내 '일가'라고 주장하려는 계획을 짠다.

술에 취한 아버지 대신 테스와 남동생 에이브러햄이 가까운 농산물 시장에 벌집을 배달하러 짐마차를 몰고 길을 떠난다. 테스와 에이브러햄이 깜박 조는 사이에 집안에서 애지중지하는 말 프린스가 우편마차와 충돌해서 죽는다. 테스가 반대편 길로 넘어가도록 내버려두는 바람에 사고를 빚은 것이다. 그녀가 책임을 통감하고 있을 때 조운이 더버빌 가에 테스를 보내려는 계획을 내놓는다. 테스는 처음에는 반대하지만 가족의 생계가 달린 말이 죽었으므로 마음을 고쳐먹고 돈이나 일자리를 구하기 위해 더버빌 집안을 찾아가기로 결심한다.

주제탐색 이 소설에는 시작부터 몇 가지 주제가 등장한다. 첫째는 삶이 운명에 의해 지배된다는 것이다. 하디는 과거의 혈통과 가족사를 알게 된 가난한 가족을 도구로 삼아 이 주제를 전개하고 있다. 트링엄 목사가 더비필드에게 조상들의 내력을 들려주는 일은 우연일 뿐이다. 목사가 더버빌 집안과 더비필드 집안이 같은 가문이라고 생각하게 된 계기도 아주 우연이다. 그 무렵 '더버빌 가문의 변천사'를 연구하던 목사가 우연히 존의 짐마차에 적힌 '더비필드'란 이름을 보았기 때문이다. 여기서 더비필드 가족이 양반의 후손이라는 사실을 몰랐더라면 더 좋았을까, 하는 의문이 대두된다. 이 정보는 처음에는 그 가족에게 반가운 일처럼 보이지만 4개 장이 끝나기 전에 일가의 도움을 요하는 시급한 사태가 생기면서 결국 연쇄적인 비극의 실마리가 된다.

주제탐색 두 번째 주제는 1장에서 트링엄 목사가 "오, 권력의 무너짐이 이러하구나!" 하고 한탄하는 장면에 등장한다. 이 소설에서는 힘 있는 사람들이 몰락하고, 가난한 사람들이 어려운 환경을 이겨내고 일어섰다가, 다시 어쩔 수 없는 환경에 몰려 몰락하는 광경을 보게 된다. 하디는 여기서 부유한 자들이 다른 사람들의 삶을 지배한다는 빅토리아 시대의 통념을 비판하고 있다. 그는 사회적 지위가 계급적 탄압 아래서 신음하는 사람들의 삶을 황폐하게 만든다고 주장하는 것 같다.

작가가 5월제(메이데이) 축하 행사를 이용하고 있는 것도 상징적으로 중요하다. 첫째, 독자들은 여기서 젊은 처녀 테스의 모습을 처음 접하게 된다. 흰 옷을 차려입은 그녀는 이 축제에서 순진함과 순결, 즐거움을 상징한다. 그녀는 말롯에서 열린 5월제 무도회에 친구들과 함께 참석한다. 둘째, 하디는 도시에서는 이미 없어진 부인회 모임들이 시골에서는 여전히 옛 영광의 그림자를 지닌 채 남아 있음을 알려 준다. 이 사실은 테스가 세상에 물들지 않고 순진하다는 것을 암시한다. 알렉 더버빌 같은 속물스런 남성의 등장에 준비되지 않은 주인공의 성격적인 특성이다.

5월제는 로마인들이 새봄에 피는 꽃을 대표하는 플로라리아 여신을 찬양하던 이교도 시대까지 거슬러 올라가는 고대의 축제다. 5월의 여신 마이아는 봄의 성장과 충만의 상징으로 찬양되었다. 하디는 기독교적인 색조가 더해진 옛 이교도 축제를 통해 기독교 세계와 이교도 세계를 연결시키고 있다. 그는 테스를 "경험에 물들지 않은 순진한 감정의 그릇… 통통 튀는 예쁜 여자다움이 있지만, 한편으로는 볼에 열두 살의 테스가 보이는 적도 있었고, 눈에 아홉 살 적의 반짝임이 어리기도 했다. 심지어 가끔은 다섯 살 적 모습이 입 언저리에 언뜻 나타나는 일도 있었다"고 묘사한다. 본질적으로 그녀는 여성의 문턱에 들어서려는 상냥하고 순결한 소녀다. 얄궂게도 테스는 댄스파티 동안에 장래 남편이 될 엔젤 클레어를 만나지만, 함께 춤을 추지는 않는다. 만약 춤을 추었더라면…

Chapters 5-8

 집을 떠나는 테스

조운 더비필드 부인은 테스를 부자 친척 집에 보내 '일가'라고 주장
할 계획을 세우지만 테스는 끼어들고 싶어하지 않는다. 아버지 존 더비필
드 역시 회의적이다. 그러나 프린스의 죽음에 죄책감을 느낀 테스는 트랜
트리지에 있는 스토크-더버빌 가를 찾아가기로 한다.

테스는 역마차를 타고 방문길에 오른다. 슬로프 장이라고 불리는 그
집은 예상과는 달리 고풍당당한 대저택이 아니고, 최근에 지은 것이다.
테스는 집주인 더버빌 마나님의 아들 알렉 더버빌을 만나게 된다. 알렉은
젊고 아름다운 테스에게 첫눈에 반해 슬로프에 일자리를 마련해 주겠노
라고 약속한다.

며칠 뒤 더비필드 가족에게 말 한 필과 초청장이 전해진다. 테스에게
더버빌 마나님의 애완용 닭을 돌보는 관리자 일자리를 맡아달라는 초청
장이다. 테스와의 작별은 가족에게는 큰 슬픔이지만 그녀는 가족의 생계
를 돕기 위해 트랜트리지에 가기로 한다. 슬로프로 가는 길에 알렉은 테
스에게 겁을 먹게 해서 주인임을 증명하려고 마차를 난폭하게 몰아댄다.
그녀는 기지를 발휘해 위기를 넘기고 새로운 집까지 먼 길을 걸어간다.

　조운 더비필드는 맏딸을 '일가(一家)'에 보낼 계획을 세운 장본인이다. 그녀는 술주정뱅이에다 어리석은 남편은 쉽게 다룰 수 있기 때문에 딸을 이용하려고 한다. 덤벙대는 공상가와 같은 그녀의 속셈은 딸을 더버빌 가의 후손과 결혼시키는 것이다. 그녀는 테스를 보낼 계획을 짜면서 마냥 기쁜 나머지 순진함을 드러낸다. "잘 될 때가 있으면 안 될 때도 있는 법이란다, 테스야. 그런데 너희 집 고귀한 혈통을 어쩌면 이렇게 꼭 알맞은 때 알게 됐구나." 마음이 내키지 않는 테스는 '차라리 일자리를 얻어보겠다'고 말하지만 어머니의 권유와 프린스의 죽음에 대한 죄책감 때문에 뜻을 굽힌다. "그래요, 제가 말을 죽였으니까 무슨 일이든 해야 한다고 생각해요."

사이먼 스토크는 영국 북부 지방에서 상인으로 얼마간의 재산을 모은 뒤, 더버빌이라는 성(姓)을 빌려 자기 성에 붙여서 썼다. 남부 지방 사람들에게 친근한 성으로, 그곳 주민들에게 유서 깊은 양반 가문 출신이란 인상을 심어주기 위해서였다. 그런데 나중에 스토크-더버빌이란 성에서 스토크는 떼어버리고 더버빌만 쓰게 되었던 것이다. 테스와 그녀의 가족은 이런 사실을 전혀 모르고 있다. 그들이 무식한 데다 남에게 들어서 알게 된 가족사를 직접 알아보지 않았기 때문이다.

문학적 장치 6장에서 테스가 더버빌 가 여행을 성공리에 끝낼 무렵, 하디는 "그리하여 일이 벌어졌다"고 말하는데, '운명의 장난'이 시작되었음을 암시하는 말이므로 주목해야 한다. 이 기법은 고대 그리스 시대로 거슬러 올라간다. 이 시대의 그리스인들이 쓴 희곡에서는 그리스의 신들이 인간을 노리갯감으로 즐겨 이용했다. 이것을 알고 있는 하디는 작품의 출발점으로 이 장치를 사용해서 원하지도 않는 테스를 무의식적으로 운명의 장난에 끌어들이고 있다.

테스는 슬로프로 오라는 부름을 받자, 의무감에서 그곳으로 간다. 그녀는 "전 이게 돈을 버는 기회가 되기를 바라요. 그 밖의 다른 기회는 바라지 않아요" 하고 말한다. 어머니는 테스가 돈 많은 일가와 결혼해서 의젓한 귀부인이 될 수도 있다는 가능성을 내비친다. 딸이 슬로프에서 일하기 위해 집을 떠날 때, 어머니는 예쁘게 몸단장을 하라고 이른다. 그녀는 딸에게 제일 좋은 드레스를 입히고 머리에는 핑크색 리본을 달아주며 양말도 신겨준다. 여기서 하디는, 테스의 어머니가 딸을 "나이에 어울리지 않게 풍만한 모습으로, 그리고 아직 어린아이와 별다를 것이 없는 테스를 제법 성숙한 여인처럼 보이게 만들었다"고 쓰고 있다. 테스에게는 위험한 상황이 아닐 수 없다.

아버지 존 더비필드는 딸이 일가의 집으로 보내지는 상황이 어떤 것인지 잘 깨닫지 못하고 있다. 따라서 처음에는 망설이면서 여러 차례 반대하지만 아내가 딸의 매력에 일가 청년이 매혹된 것 같다고 말하자 곧 반대를 누그러뜨린다. 그는 잠꼬대 같은 혼잣말로 "(알렉 더버빌에게) 귀족 작위를 팔아도 좋다"고 중얼거리기까지 한다. "그래, 까짓것 팔아버리지 뭐. 값만 맞으면 말이야." 그는 작위 값을 1,000파운드로 매겼다가 나중에는 20파운드에 낙착시킨다. 그만큼만 해도 한꺼번에 만져본 적이 없는 거금이다. 테스가 떠난 후, 존은 아내에게 묻는다. "도대체 그 애가 가진 비장의 수라는 게 뭐야? 더버빌 가의 혈통인가?" "아녜요, 멍청하기는, 그 애 얼굴이요. 예전의 내 얼굴 같은"이라며 아내가 핀잔을 준다.

이 비유는 매우 암시적이다. 조운 더비필드가 가진 '비장의 수'는 얼굴, 즉 미모다. 그러나 미모는 그녀의 신분상승에 전혀 도움이 되지 않았다. 존경스런 남편이나 유복한 삶 대신에 오히려 주정뱅이와 결혼하게 해주었다. 마음씨는 선량하지만 가족을 제대로 벌어 먹이지 못하는 남편을 만나 늘 가난과 불안 속에서 살았다. 그녀는 순진해서 아니면 욕심 때문에 테스의 미모가 가족에게 행복과 안녕을 가져다줄 것이라고 믿는다. 어머니와 테스의 운(運) 사이의 이 같은 연결은 나중에 일어날 일들을 암시하는데, 테스에게 그 결과가 훨씬 더 끔찍하다.

테스가 알렉 더버빌 같은 난봉꾼을 만날 때, 우리는 그녀가 처한 위험을 분명히 짐작할 수 있다. 그는 부잣집 아들로서 더버빌 가에서의 지위를 한껏 이용해 테스를 더럽힐 수 있는 인물이다. 그러나 순진한 테스는 다가오는 위험을 알아차리지 못하고, 그 위험을 물리칠 힘도 없다.

테스는 알렉의 달갑지 않은 구애에 최선을 다해 저항한다. 알렉은 그녀가 아무리 완강하게 물리친다 해도 자기 방식대로 밀고 나가기로 마음먹는다. "테스, 그 앵두 같은 입술이나 아니면 붉은 볼에라도 잠깐 입 맞추게 해주면, (짓궂게 구는 걸) 그만두지, 맹세코 그만둘게!" 테스의 의사는 그의 안중에 없다. 알렉은 하녀들에게 '신 같은 존재'로 권위를 휘두르는 사람이고, 테스는 반드시 정복해야 할 또 다른 대상에 불과하다.

이 소설에서 쓰이고 있는 3인칭 화법은 작가로 하여금 자기 생각을 이야기에 삽입하거나 줄거리나 배경, 등장인물에 관해 해설을 할 수 있도록 해준다. 이 화법은 작가가 독자와의 대화를 원할 때 사용하는 일반적인 기법이다. 예를 들어, 하디는 조운의 경박함을 이렇게 말하고 있다. "정신적으로는 어머니보다 성숙했기 때문에 테스는 제 결혼에 관한 더비필드 부인의 희망을 잠시라도 진지하게 생각해 보지 않았다. 그 경박한 여인네는 거의 테스를 낳은 해부터 딸을 위해 훌륭한 배필을 찾고 있었던 것이다." 이 빈정거림은 두 가지 역할을 하고 있다. 첫째는 어머니들의 보편적이고 천편일률적인 희망을 가리킨다. 둘째는 조운의 계획이 지닌 역설을 강조한다. 테스에게 좋은 짝을 찾아주겠다는 욕심이 딸의 파멸로 이어질 것이기 때문이다.

Chapters 9-11

안개 낀 숲 속에서 길을 잃고

테스는 슬로프 장에서 한때 본채였으나 이제는 닭장으로 쓰이는 허물어져 가는 낡은 집에 숙소를 정한다. 본채로는 새로 지은 저택이 쓰이고 있다. 테스는 또 다른 하녀와 함께 아침마다 닭을 한 마리 한 마리씩 더버빌 마나님에게 가져가는 일을 해야 한다. 장님으로 예순 살인 더버빌 부인이 테스에게 휘파람을 불 줄 아느냐고 묻자 테스는 불 수 있다고 대답한다. (더버빌 부인은 테스가 새장에 있는 피리새들에게 휘파람을 불어주기를 바란다.) 그런데 나중에 휘파람을 불어보려고 하자, 소리가 나지 않는다. 테스는 소리를 다시 내보려고 연습을 한다. 알렉이 그 모습을 보고 재미있어 하면서, 휘파람 부는 법을 가르쳐주겠다고 한다. 테스가 거절하지만 그가 계속 고집을 부리자 집적거림을 피하려고 도움을 받아들이기로 한다. 남들에게 거절당해 본 적이 없는 데다 테스에게 반한 알렉은 그녀의 일거수일투족을 엿보기 시작한다. 심지어는 어머니의 침실 커튼 뒤에 숨어 테스가 새들에게 휘파람을 불어주는 모습을 훔쳐보기도 한다.

테스는 그 집에서 일하는 여자들과 친구가 된다. 그들은 인근의 체이스버러로 가서 주막에서 술을 마시거나 무도장에서 춤을 춘다. 테스는 파트너가 없기 때문에 다른 사람들이 추는 것을 구경만 한다. 9월 어느 날 저녁, 동료들은 무도장 대신 더버빌 가에 물건을 대는 사람의 창고에서 춤을 추기로 한다. 이 춤판에 알렉이 나타나자 테스가 놀란다. 그가 집까지 데려다주겠다고 제안하지만 테스는 사양한다.

슬로프 장 사람들이 귀가할 때, 같은 집에서 일하는 카와 테스 사이에 싸움이 벌어진다. 알렉이 테스를 마음에 두고 있는 것에 대한 질투 때문이다. 알렉이 말을 타고 나타나서 화가 난 아낙네 무리에서 테스를 구해 준다. 그는 슬로프 장 여자 일꾼들에게 구타 당할 뻔한 그녀를 말에 태우고 달려간다.

알렉은 곧장 슬로프로 돌아가지 않고 테스의 불리한 처지를 이용할 요량으로 이리저리 마구 말을 몰다가 짙은 안개 속에서 길을 잃는다. 그는 테스를 숲 속에 남겨두고 트랜트리지로 돌아가는 길을 찾으러 간다. 알렉이 돌아오니 그녀는 곤히 잠들어 있다. 지난 몇 달 동안 테스의 저항을 누그러뜨렸다고 생각한 그는 그녀를 덮친다.

알렉은 목적을 달성하기 위해 가벼운 성희롱에서부터 강간까지 온갖 방법을 동원한다. 그는 처음부터 테스를 제멋대로 하려고 마음먹은 사람이다. 하디는 줄곧 알렉의 방탕함과 테스의 순결을 대비시킴으로써 그 결과를 암시한다. 알렉은 자기와 테스는 같은 혈통으로 밀접하게 연결되어 있다고 넌지시 말한다. 그러나 이 관계가 거짓임을 알렉과 독자는 알고 있지만, 테스는 모른다. 알렉은 테스와 마주칠 적마다 자기 뜻에 따르도록 위협할 수 있었다. 그는 슬로프 장에 고용된 여자 일꾼들도 마구 건드렸다고 볼 수 있다. 그것은 알렉의 말을 타고 떠나는 테스의 모습에 카의 어머니가 보인 반응으로 증명된다. 그녀는 "후후후!" 웃으며 엔젤의 버릇인 턱수염을 쓰다듬는 시늉을 하면서 의미심장하게 한마디 던진다. "고양이 피하려다가 호랑이 입 속으로 들어가는 격이로구먼!"

강간이 있은 뒤, 하디는 시골 사람들이 습관적으로 체념하는 '어쩔 수 없는 일'이란 말을 빌려 운명이 인간의 삶에 중요한 역할을 한다는 관념을 다시 한 번 도입하고 있다. 운명은 하디가 만든 새로운 개념이 아니다. 고대 그리스인들은 운명을 자기네 연극의 길잡이로 사용했다. 그들은 클로토, 라케시스, 아트로포스의 세 여신이 인간의 운명과 삶을 지배한다고 믿었다. 이 소설의 끝머리에서 하디는 그리스 비극

작가 아이스킬루스를 불러내 우리 모두는 운명의 지배를 받도록 미리 정해져 있다고 환기시킨다.

알렉은 귀족 계급이기 때문에 자기 행동의 결과로 고통받지 않지만 희생자인 테스는 그 고통을 고스란히 안고 살아가야만 한다. 알렉은 지위를 멋대로 악용하는 것을 용인 받고 있다. 하디는 이것이 빅토리아 사회의 죄악이자, 귀족 사회의 문제들 가운데 하나라고 본다. "눈앞에 닥친 이 비극에는 인과응보의 법칙이 숨어 있다고 할지도 모르겠다. 분명히 테스 더버빌의 몇 대조 조상인지가 갑옷 차림으로 싸움터에서 의기양양하게 돌아오다가 시골 처녀에게 덤벼들어 이보다 더 몹쓸 짓을 저질렀을 것이다." 그것이 미리 정해진 운명이었든지, 아니면 과거의 악행에 대한 응보였든지 간에, 테스는 그 일을 겪을 이유가 없다. 그럼에도 불구하고 자신에게 저질러진 죄악의 무거운 짐을 혼자 짊어지고 형벌을 받으며 살아야 하는 것이다.

하디는 선정적인 묘사로 당시 독자들의 감정을 다치게 하는 일은 피했다. 따라서 9장의 강간 장면은 우리 눈앞에서 벌어지지 않는다. 실제로 이 소설에서 강간이란 말은 찾아보기 어렵다. 그리고 쓸데없이 폭력적인 장면을 독자들 앞에 드러내지도 않는다. 그 대신 그리스 비극처럼 폭력은 무대 밖에서 이루어진다. 이러한 전개는 아이스킬루스의 연극 〈오이디푸스 왕 *Oedipus Rex*〉에서도 목격할 수 있다. 주인공

오이디푸스가 자기 눈을 도려내어 스스로 장님이 되지만, 그 장면을 보여주지는 않는다. 관객을 충격에 빠뜨리지 않게 하기 위해서다. 그리고 〈테스〉에서와 마찬가지로 행동의 결과를 본다. 등장인물들이 무엇을 하느냐, 또는 그들이 어떻게 반응하느냐가 행위 자체보다 더 중요하다.

테스를 정복한 알렉은 이제 그녀를 계속 제 소유물로 삼으려고 든다. 그러나 테스는 슬로프 장에 얽매여 있지 않을 것이다.

제2부: 짓밟힌 처녀성

Chapters 12-15

 아기의 죽음

트랜트리지에 온 지 4개월이 지난 10월, 테스는 더버빌 가를 떠나 집으로 향한다. 뒤쫓아온 알렉이 집까지 태워주겠다고 해서 응한다. 그는 실수를 시인하며 용서를 빌지만 소용없다. 집이 가까워지자 테스는 알렉과 헤어져 남은 길을 걸어서 간다. 도중에 간판장이를 만난다. 벽이나 층계, 대문 등에 페인트로 타락과 죄악을 경계하는 성경 말씀을 쓰고 다니는 사내다.

테스가 집으로 들어가면서 맨 먼저 만나는 사람은 어머니다. 두 사람은 테스가 겪은 일에 관해 이야기를 나눈다. "남자가 위험하다는 걸 왜 말씀하지 않으셨어요?" 조운은 딸이 아직도 알렉 더버빌과 결혼해서 귀부인이 될 기회가 있다고 믿는다. 그렇지만 너무나 단순하고 무식해서 딸이 처한 곤경을 제대로 이해하지 못한다. "이왕 당한 일이니 최선을 다해 볼수밖에. 이것도 다 팔자요, 하느님 뜻인 모양이다."

마을 친구들이 테스를 찾아오지만, 그녀의 심각한 우울증을 씻어주지 못한다. 교회에서도 사람들이 쑥덕거리며 험담을 해대 위안을 얻을 수 없다. 가을과 겨울을 집 안에서 고통스럽게 보낸 테스는 이듬해 8월 들판에서 밀을 수확하는 일꾼으로 나타난다. 독자들은 여기서 처음으로 테스

에게 아기가 생긴 사실을 알게 된다. 추수 일꾼들이 점심을 먹는 휴식 시간에 그녀가 일손을 멈추고 아기에게 젖 먹이는 광경을 보게 된다.

그날 밤 아기가 병으로 앓게 된다. 모두들 2, 3일을 넘기지 못할 것이라고 생각한다. 테스는 아기가 세례를 받지 않은 사실을 깨닫자, 동생들을 모아놓고 아기에게 세례를 준다. 이 의식에서 우리는 아기의 이름이 소로(Sorrow: 괴로움, 슬픔)라는 것을 알게 된다. 창세기 3장 16절, "너는 괴로움 속에서 자식을 낳으리라"에서 따온 것이다. 교회묘지에서 소로는 '세례 받지 못한 아기들, 악명 높은 주정꾼, 자살한 사람, 그 밖에 벌을 받아 마땅한 사람들이 매장되는' 묘역에 묻힌다.

가을이 겨울로 변하고, 겨울이 봄으로 바뀐다. 5월에 스무 살이 된 테스는 인근 톨보세이즈 낙농장에서 일자리를 구하려고 다시 집을 떠난다. 그녀는 혼자만의 시간을 갖고 싶어한다. "과거의 기억이 없는 어떤 은신처에 가면 행복해질지도 모른다"고 생각하고, 프롬 강가에 자리 잡은 블랙무어라는 아름다운 계곡으로 간다.

: 풀어보기

주제 탐색 하디의 많은 작품들에서는 종교가 중요한 주제다. 그는 사회 규범을 영속화시키고 동료 인간에 대한 차별을 정당화하는 인간의 천박성에 대해 비판적이다. 남의 집 대문이나 벽에 페인트로 성경 구절을 적고 다니는 사람과 만나 테스가 나누는 대화에서 인간과 종교에 대한 하디의 견해를 엿볼 수 있다. 그 사람은 훌륭한 종교가 있다는 것을 사람들에게 깨우쳐주기 위해 페인트로 아무 데나 성경 구절을 낙서한다. 하디는, "한때 인류에게 제대로 봉사하기도 했던 교의(敎義)가 마침내 이런 해괴망측한 꼴을 드러내는 것을 보고 '아, 가엾은 신학이여!'라며 개탄할 사람도 있을 것이다"라고 말한다. 죄를 짓는 자는 끔찍한 벌을 받게 된다고 경고하고 다니는 그 거리의 화가에게 테스가 묻는다. "하지만 스스로 원해서 지은 죄가 아니라면 어떻게 되죠?" 해답을 가지고 있지 않은 그는 "난 그린 심각한 문제를 꼼꼼히 따질 수는 없어요"라며 대답을 피한다. 하디는 여기서 교회가 진정한 해답을 가지고 있지 않다는 것을 암시한다.

테스를 받아들이는 교회의 태도도 하디에게 종교를 비판할 또 다른 기회를 제공한다. 교회는 테스의 죄를 용서하고

위로해 주어야 하지만 교인들은 등 뒤에서 쑥덕거리며 험담이나 늘어놓고 있다. 게다가 테스는 아기의 세례를 직접 한다. 아버지가 집안의 비밀이 밝혀지는 것이 두려워 목사를 집에 오지 못하게 했기 때문이다. 그러나 하디의 분노를 가장 자극하는 것은 위선적인 종교적 열광과 표현인 것 같다. 테스가 죽어가는 아기에게 세례를 해주는 장면은 이 소설에서 가장 아름답고 감동적인 모습이라고 말할 수 있다.

인물탐색 소로의 세례 장면(14장)에서 테스는 단순한 미혼모를 넘어서는 존재가 된다. 테스가 아기에게 세례할 때, 하디는 그녀를 신성한 신분으로 끌어올린다. 소로의 세례를 위해 꿇어 앉아 있는 동생들 눈에는 '테스가 언니로 보이지 않고, 거대하고, 숭고하고, 두려운 존재 — 자기들과는 다른 신성한 인물'로 비쳐진다. 아기의 죽음이 임박한 것을 깨달은 테스는 아기가 세례를 받지 않았기 때문에 영혼도 구원받지 못 하리라고 생각한다. 이때 갑자기 자기가 세례를 해도 목사의 세례와 마찬가지로 아기가 구원받을 것이란 생각이 들자 잠자는 동생들을 깨워 모아놓고, 교회에서 본 대로 세례 의식을 집전한다. "이윽고 테스는 아기를 안고 대야 옆에 꼿꼿이 선다. 바로 아래 여동생이 마치 집사가 목사 앞에서 하듯이 기도 책을 펴들고 테스 앞에 서자 테스가 아기에게 세례를 내리기 시작했다."

하디는 테스가 '아기를 낳은 아기'로 어머니란 호칭을

붙이기도 어렵다고 묘사했다. 그러나 이 세례 의식에서 테스는 어머니나 여인이나 어린이가 아닌 그 위의 존재, 즉 성스러운 존재가 된다. "그녀의 지극한 열의는 한때 파멸의 원인이었던 얼굴을 변모시켜 티 없이 아름답게 보이게 했고, 거의 제왕 같은 위엄마저 풍기게 했다."

테스는 세례를 행한다. "신앙의 황홀경은 그녀를 신격화했다. 얼굴에는 밝은 광채가 떠돌고, 양 볼은 불그스레하게 상기되었다. 눈동자에 거꾸로 비친 조그만 촛불은 금강석처럼 빛났다." 이 같은 변화의 효과는 테스의 남매들을 경외감에 빠뜨린다. "아이들은 더욱 존경스러운 눈으로 그녀를 우러러보았고 다시는 질문을 하지 않았다. 이제 그들 눈에는 테스가 누나로 보이지 않고, 거대하고, 숭고하고, 두려운 존재 ─ 자기들과는 다른 신성한 인물로 비쳐진다." 이 대목에서 하디는 두 가지를 보여준다. 첫째, 신앙의 진지한 적용 가치를 증언한다. 둘째, 테스의 신분을 상승시킴으로써 선함을 강조하고, 그녀의 내적인 힘과 독립성을 보여주고 있다. 그녀는 운명과 불행한 환경 때문에 고통받지만 착하다.

하디는 이 장면에서 사회적 인습에 따라 변하는 신앙의 표현과 적용에 관해 논평하고 있다. 사회적 인습 때문에 알렉은 테스를 강간하고서도 그 결과에 대해 책임지지 않았다. 사회적 인습은 허용되거나 허용되지 않는 신앙의 표현도 조금씩 변화시킨다. 예를 들어, 테스는 자신이 준 세례가 목사의 세례와 같다는 사실을 인정하도록 촉구한다. 이때 목사는 "마음속에서 인간과 성직자가 갈등을 일으켰으나 결국 승리는 인간에게로 돌아갔다." 그는 아기가 (세례를 통해서) 구원받았다고 대답한다. 이어 테스는 아기가 기독교도로서 매장되도록 허락받으려고 하지만 목사는 머뭇거린다.

테스는 세례 받지 못한 사람은 기독교도로 묻힐 수 없다는 교회의 원칙에 계속 도전한다. 목사는 원칙에 입각해서 매장을 거부하고 발뺌한다. "우리 둘만의 문제 같으면 쾌히 승낙하겠소. 그러나 안 됩니다. 그럴 이유가 있어요." 하디는 여기서 성경에도 근거가 없는, 죽은 자의 매장에 관한 교회의 편향성을 보여준다. 테스가 대들면서 말한다. "목사님이 미워요. 이제 다시는 목사님 교회엔 안 나가겠어요!" 그러자 테스의 요구에 굴복한 목사는 아기의 시신을 교회 묘지에 묻도록 해준다.

Chapters 16-20

 **: 줄거리** 무도회에서 만났던 청년

테스는 어머니 친구의 알선으로 톨보세이즈 낙농장에서 우유 짜는 일자리를 얻어 집을 떠난다. 이제 스무 살이 된 그녀는 세상 물정에 좀더 밝아진다. 그녀는 오후 늦게 농장에 도착한다. 소젖 짜는 시간에 맞춰 온 것이다. 그녀는 목장 주인 리처드 크릭에게 자기소개를 하고 곧바로 일을 시작한다.

아직 다른 일꾼들을 만나지는 못했고, 그들이 일을 하면서 주고받는 소리만 들린다. 몇몇 일꾼들은 젖이 '말라서' 잘 안 나오는 소들 이야기를 하고 있다. 그들은 '새로운 일손이 오면' 소들이 전처럼 젖을 많이 내놓지 않는다는 미신을 믿고 있다. 착유장(搾乳場)에서는 일꾼들의 흥을 돋우려고 중세 시대부터 전해 오는 옛이야기를 해주기도 하고, 젖소들이 유순해져 젖을 많이 내도록 유도하는 노래를 불러주기도 한다.

마침내 낯선 목소리가 들려오고 엔젤 클레어가 독자들에게 소개된다. 스물여섯 살인 엔젤은 한 교구 목사의 막내아들로, 농부가 되려고 낙농장 일을 배우고 있다. 테스는 이내 5월제 무도회(1장)에서 만난 젊은이임을 알아보고, 엔젤이 자기 과거를 알게 되면 멀리할까봐 겁을 낸다. 착유장

위층에 있는 방에서 세 여자와 함께 지내게 된 테스는 그들로부터 엔젤의 과거를 듣게 된다.

하디는 여기서 테스 이야기를 잠시 중단하고, 엔젤의 과거를 들려준다. 엔젤은 영국이나 영국 식민지에서 농장을 갖고 싶어한다. 이런 바람은 그의 아버지에게는 뜻밖의 일이다. 농사 관련 서적들이 집으로 배달되어 오자 비로소 막내아들의 의도를 알아차린 제임스 클레어 목사는 아들에게 '복음을 전하는 성직자'가 되라며, 어째서 그런 서적에 흥미를 느낄 수 있느냐고 묻는다. 엔젤은 자기 계획을 털어놓으면서 교회의 교리를 모두 지지할 수는 없다고 힘주어 말한다. 그는 세상 물정을 익히고 자기에게 맞는 직업을 찾기 위해 런던에 간 적이 있다. 그곳에서 연상의 여인과 방탕한 사랑에 빠졌던 엔젤 클레어는 결혼이란 덫에 걸려들 뻔했다가 빠져나와서는 농사를 짓기로 마음먹었다.

테스와 엔젤의 관계는 엔젤이 테스가 젖 짜기 좋아하는 소들을 그녀 앞으로 몰고 와 줄을 세워주면서 진전되기 시작한다. 어느 날 저녁, 집 밖에 나와 낡은 하프를 연주하던 엔젤과 음악에 이끌려 나온 테스가 만나게 된다. 두 사람의 관계는 곧 대화를 나누는 사이로 발전한다. 엔젤은 테스가 약간 성숙한 것 같고 신비스럽게 여겨진다. 테스가 배움이 부족하다고 말하자, 엔젤은 어떤 과목

을 선택하든 개인지도를
해주겠노라고 자청한다.
테스는 "이런 건 배워도
괜찮을 듯 싶네요. 왜 해
는 악인과 선인을 다 같
이 비춰주는가? 같은 것
말예요" 하고 대답한다.
엔젤은 그녀가 인생에 대해
너무 부정적이라며 나무란다.

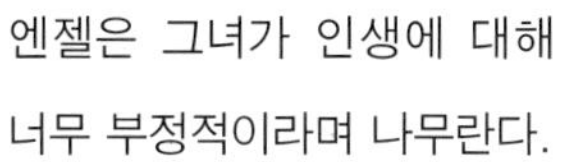

　톨보세이즈 낙농장은 프룸 강을 끼고 블랙무어 계곡에 자리 잡고 있다. 하디는 이 고장을 푸른 골짜기가 있고 풍요로운 삶이 어우러지는 아름다운 곳으로 묘사한다. "이 이름난 낙농장의 땅과 젖소들에게 자양분을 주는 강물은 블랙무어의 시내들과는 흐름이 달랐다… 프룸 강물은 복음서를 지은 요한이 본 순결한 '생명의 강'처럼 맑았다…" 테스에게는 이 농장 일이 새 출발을 의미하며, 인생의 새 단계로 첫발을 내딛는 셈이다. "그녀는 미래를 위한 새로운 토대를 마련했다고 느끼는 것 같았다." 그녀는 곧 낙농장 일에 적응하고 그 일부가 된다.

　하디는 1장에서 잠깐 선보인 엔젤을 17장에서 다시 소개한다. 그의 소망은 경험 많은 농부 밑에서 현장 실습을 통해 농사일을 배우는 것이다. 그의 현장 연수는 케임브리지 대학교를 나와 목사가 된 두 형들과는 달리 실용적이다. 그는 '지성의 자유'를 누리기 위해 농사일을 결심한 사람으로, 늘 원하는 것을 읽고 교회와 무관한 공부를 할 수 있게 되기를 바란다. 농부들은 배우지 못한 바보들이란 통념이 거짓임을 깨달은 그는 농장 일꾼들을 친구로 생각하고 존중한다. 그는 이처럼 변화된 인식을 통해 '낡은 인연과의 관계가 점점 멀어지고, 인생과 인간성 속에서 새로운 무엇인가를 보게 되었다'.

엔젤에 관한 묘사는 다른 관점에서도 중요하다. 엔젤 클레어는 알렉 더버빌과 아주 대조적이다. 불시에 난폭하고 강제적으로 테스에게 접근한 알렉과 달리 엔젤은 서서히 끈기 있고 정중하게 테스와 사귀어 간다. 엔젤은 책을 많이 읽었고 훌륭한 집안 출신이며 동료들을 비난하지 않는다. 그리고 그들을 억누르려고 하지 않고, 도와주고 싶어한다. 반면, 알렉은 하인들에게 지위를 남용하고, 쾌락과 재미를 위해 멋대로 짓밟는다. 엔젤은 삶을 영위하기 위한 노동에 반대하지 않고, 특히 농부의 삶을 받아들인다. 그리고 더 많은 학습을 통해 자기향상을 모색하고, 시간과 노력을 쏟아 테스의 배움을 돕겠다는 제안까지 한다. 그러나 런던에서 연상의 여인과 가진 관계가 시사하듯 결코 완벽한 인간은 아니다. 크릭 부인은 테스에게, 불운한 사람들을 지배하기 위해 '유서 깊은 가문'의 이름을 들먹거리는 짓과 귀족 계급에 대한 엔젤의 태도를 알려준다. "아, 어림없지! 그분은 옛 집안 같은 건 딱 질색이거든!" 아마도 이런 말은 크릭 부인이 아니라 빅토리아 시대의 기성사회와 질서에 대해 하디가 가졌던 견해일 것이다.

엔젤과 그의 형제들에 대한 작가의 비교도 흥미롭다. 엔젤은 근본적으로 착한 사람이다. 그는 뒤에 테스의 과거를 용서하지 못하고 떠나버리는 잘못된 결정을 내리지만 여전히 선한 인간으로 남는다. 우리는 그의 친절과 공정함과 힘을 칭찬할 수 있다. 반면, 그의 형제들은 비록 악인은 아닐지라도, 엔젤만큼 존경할 만한 성품을 보여주지는 못한다. 이 대비는 나중에 더 분명해지지만, 하디는 여기서부터 독자들에게 엔젤의 성품을 알려주기 시작한다. 엔젤의 과거에서 우리가 알게 된 것은 첫째, 그는 자주적인 인간이다. (그는 가족의 기대에도 불구하고 가업인 목자(牧者)의 길로 들어서지 않았다.) 둘째, 자신이나 다른 사람의 가치를 가문을 보고 평가하지 않는다. (이와는 대조적으로 알렉 더버빌은 가문의 이름, 그것도 거짓 가문의 이름에 의존하고 있다.) 셋째, 그가 속한 특권 계급과 연관된 편견을 버리고 다른 사람들을 대한다.

하디는 테스와 엔젤을 '아담과 이브'처럼 그리고 있다. 아침 젖 짜는 시간에 둘은 언제나 다른 사람들보다 빨리 일어나기 때문에, 마치 지상에서 깨어 있는 사람은 둘뿐인 것처럼 보인다고 해서 그렇게 표현한 것이다. 하디는 이들을 더 서사시적인 위치로 격상시키기 위해 성서에 나오는 아담과 이브, 막달라 마리아를 끌어오고 있다. 하디는 회개한 매춘부로서 과거를 뉘우치는 여인 막달라와 테스의 처지를 동일시한다. 아담과 이브는 에덴동산에서 순결한 상태로 존재했고, 그들의 순결 상실은 낙원의 상실로 이어졌다. 알렉과 테스를 아담과 이브로 연관 짓고 테스를 막달라 마리아와 연결시킨 것은 엔젤과 테스의 행복을 파괴하는 비극적 사건들이 다가오고 있음을 암시하기 위해서다. 하디가 "테스는 근래에 이렇게 행복한 나날을 보낸 일이 없었고, 아마 앞으로도 이렇게 행복해질 수는 없을 것 같다"고 서술할 때, 독자들은 불길한 예감을 품고 다가오는 일들을 예측하지 않을 수 없다.

Chapters 21-24

 **순결한 사랑이 싹트는 계곡**

버터를 만드는 교유기가 돌아가고 있었으나, 우유가 버터로 되어 나오지 않자 온 낙농장이 마비되는 소동이 일어난다. 그때 "이 집에 사는 누군가가 사랑에 빠졌기 때문에 버터가 나오지 않는다"는 의견이 나온다. 주인 크릭 씨는 그런 미신을 믿지 않지만 전에 농장에서 어린 아가씨를 임신시켰던 사내에 관해 듣기 거북한 이야기를 털어놓는다. 다른 처녀들은 잭 돌로프라는 사내 이야기에 웃음을 터뜨렸지만, 테스에게는 너무나 자기 이야기처럼 들려 그만 바깥으로 나가버린다.

마침내 기계에서 버터가 나오기 시작하고, 소동은 가라앉는다. 농장에서 기거하는 레티 프리들, 이즈 휴잇, 마리언이 방 창가에 서서 엔젤의 동정을 번갈아가며 엿본다. 그들은 농장 안뜰에서 움직이는 엔젤의 모습을 넋이 나간 듯 바라보고 있다. 테스는 동참하지 않는다. 마리언은 엔젤이 테스와 사랑에 빠진 것 같다고 말한다. "그이는 테스 더비필드를 가장 좋아해." 처녀늘은 모누 엔셀을 싹사랑하고 있지만 테스와 엔젤이 서로 사랑하는 낌새를 보이기 시작했다고 느끼는 것 같다.

7월 중순으로 접어들자 블랙무어 계곡의 날씨는 아침저녁을 가리지 않고 무척 더워진다. 어느 일요일 네 아가씨는 교회에 갈 채비를 한다. 도중에 여름 소나기로 물이 불어나 홍수를 이룬다. 개울물이 불어나서 건너기가 어렵게 된 시점에 교회 반대 방향에서 다가오는 엔젤의 모습이 보인다. 그는 처녀들의 일요일 나들이옷이 젖지 않도록 한 사람씩 불어난 개울물을 건네주겠다고 나선다. 테스를 포함한 아가씨들은 모두 '이상형으로 생각하는 남자'의 품에 찰싹 안길 수 있는 기회에 놀라며 마냥 즐거워한다.

엔젤은 테스를 안고 개울을 건너면서, '4분의 3의 수고는 오로지 나머지 4분의 1 때문에 한 것'이라는 말로 테스에 대한 속내를 암시한다. (테스를 안아주기 위해 다른 세 처녀를 건네주었다는 뜻) 그리고는 "오늘 이런 일이 있을 줄은 꿈에도 몰랐다"고 덧붙인다. 테스 역시 비가 심하게 쏟아져 개울물이 불어날 줄은 예상하지 못했다고 말하자, 엔젤은 그녀가 자기 말뜻을 알아듣지 못하고 있다는 것을 알아차린다. 우연한 기회를 온당치 않게 이용하는 것 같은 생각이 든 그는 묵묵히 개울을 건너 친구들이 모여 있는 곳에 그녀를 내려준다. 엔젤이 떠나고 나자, 테스 일행은 테스에게 엔젤이 테스를 가장 좋아하지만 이미 가족이 골라놓은 여자와 결혼하게 되어 있다고 귀띔한다.

톨보세이즈 낙농장에서 보낸 여름 동안에 테스와 엔젤은 아주 가까워진다. 하디는 "아무리 하찮은 사랑일지라도 이 같은 환경에서는 뜨겁게 달아오르지 않을 수 없었고, 여기서 살고 있는 한, 이미 만반의 준비를 갖추고 있는 가슴은 주위의 정경에 휩쓸려 사랑을 잉태하게 마련이었다"고 썼다. 테스가 일하는 모습을 은밀히 지켜보던 엔젤은 용기 내어 사랑을 고백한다.

크릭이 말하는 잭 돌로프 이야기를 통해 하디는 우리들

에게 많은 농담의 어둡고 현실적인 측면을 보여준다. 우스갯소리의 대상은 대개 우리가 재미나다고 생각하는 사람이 되는 법이다. 그러나 테스는 잭 돌로프 이야기와 같은 경험을 했기 때문에 톨보세이즈 농장의 어느 누구도 그녀의 사연을 알지 못하지만, 비웃음 당하는 것 같은 느낌이 들어 그 자리를 피하고 만다.

엔젤이 테스를 안고 물이 불어난 개울을 건널 때, 그가 테스를 더 좋아한다는 것이 일행에게 분명히 감지되지만, 그녀들은 전혀 미움이나 원한을 나타내지 않는다. 알렉 더버빌이 테스를 좋아했을 때, 슬로프 장 여자들이 보여준 태도와는 전혀 다르다. 톨보세이즈 처녀들에 관한 하디의 말을 들어보자. "그녀들을 한 사람 한 사람 구별 짓는 차이는, 정열에 의해 추상화되어 각각 섹스라는 한 유기체의 단순한 일부분에 지나지 않게 되었다. (그와 결혼할) 가망이 전혀 없기 때문에 솔직하게 탁 터놓고 지냈으며, 그다지 질투심이 일지도 않았다." 실제로 그들은 테스에게 엔젤의 가족이 정혼해 놓은 여자 이야기를 악의나 원한을 갖지 않고 말해 주고, '지쳐 잠이 들 때까지 이야기를 주고받고 마음 아파하다가 울기까지' 했다.

하디는 이 장에서 엔젤의 성격을 더 자세히 보여준다. 엔젤은 세상에 지성적으로 도전하는 사람이고, 세계의 모순을 눈여겨본다. 비록 목사의 아들이지만, 종교와 교회와 교리에 회의를 품고 있다. 그리고 자연에서 해답을 찾는 자연주의자로, "화창한 여름날에는 교회의 설교보다는 돌들의 설교를 더 좋아했다." 그러나 물이 불어난 개울에서 처녀들을 도와주는 행동이나 창세기에 나오는 야곱, 레아, 라헬의 이야기를 언급한 것은, 기독교적 가르침에 젖어 있지만 기성 교회의 일부 관행 자체에 회의적인 좀더 복잡한 성격을 지닌 사람임을 시사한다. (그는 테스를 안고 개울을 건너면서, "한 사람의 라헬을 위해서 세 사람의 레아를 건네주었군" 하고 혼잣말처럼 중얼거린다. 창세기 29장에 나오는 야곱과 라헬 이야기를 언급한 것이다. 야곱은 라헬과 결혼하기 위해 7년간 일해주어야 했는데, 라헬의 아버지는 맏딸 레아와 결혼시켰다. 그리하여 야곱은 라헬과 결혼하려고 다시 7년간을 외삼촌 집에서 일해야 했다.)

제4부: 결과

Chapters 25-30

 **"그럴 만한 자격이 없는 여자예요"**

엔젤은 한 사람의 농부로서 톨보세이즈 낙농장에 소속감을 느끼며, 아내가 될 여자로 테스를 잘 선택했다고 생각하면서 인생의 새로운 국면에 접어든다. 잠시 농장을 떠나 가족을 만난 그는 부모에게 테스 이야기를 한다. 형인 펠릭스와 커스버트는 테스와의 결혼을 반대하지만, 그를 실망시킬 일은 하지 않는다. 부모는 막내아들을 진정한 숙녀이자 시골 교사인 머시 챈트 양과 결혼시킬 생각이다. 엔젤은 그 결합에 반대하면서, 테스 더비필드가 농부의 아내로서 더 좋은 신붓감이라고 내세운다.

엔젤과 아버지는 농부의 아내로서 머시와 테스의 장점을 놓고 토론한다. "그녀는 네가 결혼해도 좋을 만한 가문, 간단히 말해서 숙녀냐?" 하고 아버지는 걱정했으나, 테스와 결혼하려는 엔젤의 바람이 아버지의 우려를 이겨낸다. 부모는 아들에게 잘 모르는 여자와 성급한 결혼에 뛰어들지 말도록 경고한다. 그러나 테스에 대한 엔젤의 설명은 충분하다. 클레어 목사는 최근에 개심하여 복음전도사로 거리 설교를 하는 알렉 더버빌이란 젊은이 이야기를 한다.

농장으로 돌아온 엔젤이 청혼하자 테스는 거절한다. 엔젤은 지나치

게 공격적이지는 않지만, 물러서지 않고 끈질기게 설득한다. 그녀는 '그만큼 훌륭한 여자가 아니고… 그럴 만한 자격이 없는 여자'라며 뜻을 굽히지 않는다. 그녀는 자기 소문이 톨보세이즈 낙농장까지 따라오지 않는 이유가 궁금하다. 그녀는 엔젤을 향한 감정과 자기를 속박하고 있는 과거에 대한 감정의 충돌로 몸부림치면서 즐거움과 고통을 함께 느끼다가 마침내 청혼을 받아들이기로 결심한다. "내가 지고 말 거야. 좋다고 말할 거야. 그이와 결혼하고 말 거야. 어쩔 도리가 없는 걸 뭐."

자기 처지를 다시 생각한 테스는 젖 짜는 다른 아가씨들 가운데 누구라도 그의 아내 자격이 있으니 골라보라고 말한다. 엔젤은 그녀의 제의를 거부한다. 농장에서 배달이 늦어진 우유를 싣고 에그돈 히스의 기차역까지 갈 자원자가 필요할 때, 자청하고 나선 엔젤이 테스에게 함께 가자고 말한다. 도중에 비가 쏟아지고, 이때 엔젤은 테스가 더버빌 가문 후손이란 사실을 알게 된다. 그는 테스에게 더비필드 대신 더버빌이라는 철자를 택하도록 제의해서 '유서 깊은 가문'을 혐오하는 그의 태도에 관한 테스의 염려를 덜어준다.

마음이 놓인 테스는 "내가 당신 아내가 되서 당신이 행복해지는 것이 확실하고, 당신이 나와 아주 아주 열렬히 결혼하고 싶으시다면…"이라며 청혼을 받아들이고는 엔젤의 목을 끌어안고 키스한다. 엔젤 클레어는 "지금 테스가 자기를 사랑하듯, 정열적인 여자가 모든 심혼을 바쳐 사랑하는 사내의 입술에 해주는 키스가 어떤 것인지를 처음 알았다."

테스가 말롯에 있는 어머니에게 편지를 보내야 한다는 말을 하자 엔젤은 4년 전 어느 날 5월제 무도회에서 테스를 보았지만 함께 춤을 추지는 않았던 사실을 기억해낸다.

하디는 여기서 등장인물들을 병치시키고 있다. 테스 대 머시, 엔젤과 클레어 목사 대 엔젤의 형 펠릭스와 커스버트, 엔젤 대 알렉을 대비시키고 있는 것이다. 이 인물들은 독자들에게 논쟁의 두 측면을 생각하도록 만드는 일련의 대칭으로 발전해 간다. 그 두 측면은 옳고 그름, 선과 악의 대비라기보다 각각의 관점을 지닌 분명한 입장을 보여주는 방식이다. 머시 챈트는 교육 수준이 높고 교양이 풍부해서 엔젤에게 훌륭한 가정을 이뤄줄 수 있는 여자다. 테스는 농부의 아내로서는 분명히 더 나은 여자로 소개된다. 만약 엔젤이 목사가 되려고 한다면, 당연히 머시 챈트 쪽이 더 현명한 선택이 될 것이다.

엔젤과 형들 사이의 대조도 흥미롭다. 펠리스 클레어는 하디가 '교회의 화신' 같은 사람으로 묘사한 교구 목사다. 커스버트는 대학의 학감으로 오로지 '대학의 화신'처럼 보인다. 반면, 엔젤은 형들에 의해 '사교적으로 부적당한 점이 점점 많아지는' 사람으로 간주되고 있다. 엔젤은 형들을 '정신적인 한계가 점점 많아지는' 사람들로 본다. 그들은 각각 서로를 상반된 존재라기보다는 가족을 분열시키는 쪽으로 결함이 있다고 본다. 커스버트는 '더 자유주의적인 기질을 가졌으나' 따뜻한 마음씨가 없다. 마찬가지로 펠릭스는 희생정신이 적고 냉담하다. 따라서 두 사람은 여러 점에서 엔젤과 달리, '일면적인 진실과 보편적 진실 사이의 차이를 몰랐고, 그들이 성직자와 학자로서 들은 내부 세계의 말과 외부 세계에서 생각하는 바가 전혀 다르다는 것을 알지 못했다'. 펠릭스가 엔젤에게 "지성의 줏대를 잃어가고 있는 게 아니냐?"고 묻자, 엔젤이 응수한다. "지성의 줏대로 말하자면, 형님이 자기만족에 사로잡힌 독단론자라고 생각되니까 내 지성은 상관 마시고 형님의 지성이나 어떤지 살펴보시는 게 좋을 거예요"라며, "그 자신의 이단성에도 불구하고 형들보다 인간적인 면에서 아버지와 더 가깝다"고 생각한다.

 엔젤의 아버지 클레어 목사는 바울주의자다. 즉, 그의 종교적인 자세가 성서에 나오는 사도 바울의 그것과 같

다. 그는 인간의 회개는 지적으로 일어나는 일이 아니라 정서적으로 일어나는 일이라고 믿는다. 하디는 클레어 목사를 '성실한' 사람으로 그리고 있다. 그는 복음서를 따르는 신앙인이자 목사로서 죄 많은 사람들을 회개시켜 교회에 나오도록 하기 위해 구타를 당하거나 욕먹는 일도 감내한다. 클레어 목사와 막내아들 엔젤은 실천적인 종교 신념이 매우 유사하다. 반면, 엔젤의 형들은 신앙을 자신의 목적을 위해서만 이용하는 경향이 있다.

종교적인 면에서 엔젤은 알렉과 대조적이다. 엔젤은 종교에 대해 더 훌륭한 관념을 가지고 있고, 믿음을 실천한다. 그러나 알렉은 나쁜 길에서 갑작스럽게 회개한다. 그에 앞서 그는 기독교 신앙으로 접근하는 클레어 목사를 모독한 적이 있다. 클레어 목사는 결과에 상관없이 새로운 회개자를 얻게 된 것을 자랑스럽게 여기는 사람이다.

Chapters 31-34

 ## 조촐한 결혼식과 불길한 징후들

테스는 어머니에게 편지를 보내고, 주말에 답장이 온다. 조운 더비필드 부인은 테스에게 과거를 발설하지 말라고 충고하고, 결혼 선물로 독한 사과술 한 통을 보내겠다고 한다. 테스는 엔젤에게 과거사를 말하지 않기로 결심한다.

농장에서는 모두들 테스가 곧 엔젤과 결혼할 것이라고 알고 있는 듯하다. 함께 일하는 처녀들은 결혼 가능성에 대해 일말의 질투를 느끼면서도, 그녀에게 어떠한 악감정도 품지 않는다. 테스는 "너희들은 모두 나보다는 더 낫다"고 말한다. 어머니의 충고에도 불구하고, 과거에 대해 침묵을 지킬 수 없다고 생각한 테스는 엔젤에게 모두 고백하기로 마음먹는다. 그녀는 결혼식 날짜를 12월 31일로 잡는다.

테스가 낙농장에서 일하기로 한 날짜가 다 되어간다. 낙농장 연수 기간이 끝난 엔젤도 다른 농사일을 찾다가 웰브리지의 한 방앗간에서 제분업을 배우기로 한다. 그는 새해 초에 농장들을 돌

아보며 다니다가 3월이나 4월에 자기 부모님을 만나러 가자고 제안한다. 테스가 입을 신부복이 도착한다. 소박한 드레스다. 결혼식 준비가 끝난 것이다.

엔젤과 테스는 크리스마스 이브에 마지막으로 필요한 물건도 살 겸 가까운 읍내인 블랙무어 베일에 간다. 그곳에서 테스는 트랜트리지에서 온 두 명의 사내를 만나게 된다. 테스의 과거를 알고 있는 그들은 들릴 만큼 큰 소리로 그 사실을 이야기한다. 엔젤이 항의하며 대들자, 테스를 다른 여자와 착각한 것 같다고 사과한다. 이 사건에 당황한 테스가 결혼을 미룰 수 없느냐고 묻자, 엔젤은 그 일은 잊어버리는 게 좋겠다고 말한다.

테스가 과거를 밝히는 넉 장의 편지를 써서 엔젤의 방 문턱 아래에 밀어 넣지만 양탄자 밑으로 들어가는 바람에 엔젤이 보지 못한다. 나중에 테스가 그것을 발견하고 찢어버린다. 두 사람은 결혼식 날까지 톨보세이즈 농장에서 손님으로 묵고 있다. 더비필드 가족이나 클레어 가족은 결혼식에 오지 않고, 크릭 부부와 톨보세이즈 낙농장 일꾼들은 모두 참석한다.

결혼식을 마친 뒤, 테스가 과거의 죄를 고백하려고 할 때마다 엔젤은 들으려고 하지 않는다. 테스가 자기들이 타고 있는 마차가 낯익은 것 같다고 말하자, 엔젤은 더버빌 집안의 마차에 관한 전설을 회상한다. 16세기나 17세기에 한 더버빌 가문 사람이 가족 마차 안에서 '끔찍한 범죄'를 저질렀는데, 그 후부터 더버빌 사람들이 이 마차 소리를 듣거나 보기만 하면 비극적이거나 좋지 않은 일이 벌어진다는 것이다. 신혼부부가 톨보세이즈 낙농장을 떠날 때도 늙은 흰 수탉이 한낮에 울어댄다. 농사꾼 세계에서는 불길한 징조다.

신혼부부가 웰브리지에서 여장을 푼 집은 예전에 더버빌 가족이 살았던 낡은 집이다. 옛 더버빌 집안 여자들의 초상화가 벽면에 박힌 화판에 그려져 있다. 톨보세이즈 농장에서 보낸 짐이 늦게 도착한다. 그 가운데는 클레어 집안에서 신부에게 물려주는 보석이 들어 있다. 테스는 그 보석을 착용한다. 짐을 가져온 사람은 톨보세이즈 농장에서 일하는 조너선 카일이다. 그는 레티가 자살을 기도하고, 마리언이 정신없이 폭음을 하는가 하면, 이즈는 우울증에 빠져 집 주위를 방황하고 있다는 소식을 전해 준다. 테스는 친구들한테 일어난 불행에 자기도 책임이 있다는 죄책감을 느낀다. 얼마 후 테스와 엔젤은 서로의 죄를 고백한다. 먼저 엔젤이, 그리고 다음에는 테스가.

하디는 독자들에게 앞으로 일어날 일을 예고하기 위해 여러 가지 징후를 이용한다. 1장에서 테스가 우연히 엔

젤을 만난 것도 한 가지 예다. 그들이 나중에 만나게 될 전조인 것이다. 두 사람이 첫 만남을 기억해내는 것은 현재 상황에 안타까움을 느끼도록 만든다. 독자들은 엔젤과 그녀의 첫 만남과 두 번째 만남 사이에 무슨 일이 일어났는지 알고 있기 때문이다. 엔젤은 단순히 그때 테스와 춤을 추거나 그날 말롯에 머물지 않았던 것을 "그때 알았더라면!"이라며 애석해 할 뿐이다. 이유는 다르겠지만, 테스도 같은 감정일 것이 분명하다. 하디는 테스가 비밀을 털어놓으려고 했으나 못하고, 여러 차례 과거를 고백하려 할 때마다 저지당하는 일을 놓고 불길한 예감을 한층 증폭시킨다.

이 밖에도 하디는 두 사람의 비운(悲運)에 대한 독자의 예감을 크게 만드는 여러 징후들을 중첩시켜 나간다. 결혼식 날짜를 12월 31일로 잡은 것, 과거를 고백하는 편지가 발견되지 않은 일, 결혼식 후 엔젤이 농장의 세 처녀 모두에게 한 키스, 더버빌 가문 마차의 전설, 오후의 수탉 울음 등이 그런 예다. 이 모든 징조들이 한데 결합되어 다음 단계에 일어날 사태를 예고해 준다.

주제 탐색 이 단계에서 하디의 운명관과 우리 인생에서의 운명의 역할이 이야기 전면에 나타난다. 그의 관점은 좋든 나쁘든 사건들이 일어나고, 그 일들이 우리가 살아가는 과정에 커다란 영향을 준다는 이야기인 것 같다. 테스가 슬로프 장으로 가는 길에 우연히 알렉 더버빌과 만난 일을 예로 들어보자.

그녀는 다른 누구와도 만날 수 있는 상황이었다. 그러나 운명적으로 쾌락을 위해 그녀를 짓밟을 수 있는 사내를 만나게 된 것이다. 독자들은 만약 테스가 엔젤을 먼저 만났다면, 삶이 어떻게 되었을까, 하고 생각할 수 있다. 그러나 테스의 삶을 파멸로 이끄는 것은 함께 춤을 추지 못한 것, 우연한 만남 같은 사소한 일들이 쌓여간 결과로 볼 수 있다. 그녀는 알렉을 유혹하지 않았고 고의적으로 엔젤을 속이지도 않았는데, 마치 그런 일을 한 것처럼 그 결과를 겪어야만 한다.

Chapters 35-38

 **: 줄거리**

용서 받지 못한 과거

엔젤은 테스의 과거를 용서할 수 없다. "오, 테스, 용서란 이런 경우엔 적용되지 않는 말이오! 이전의 당신과 지금의 당신은 전혀 다른 사람이오" 엔젤의 반응에 당혹스러운 테스는 자기 처지를 이해시키려고 애쓴다. 엔젤은 테스의 과거를 그녀가 생각하는 것처럼 볼 수 없다. 테스는 더 이상 함께 살 수 없다면서, 이혼을 하거나 자살로 자신이 겪는 고통을 끝장내고 싶다고 말한다. 자기를 죽여 달라고도 한다. 엔젤은 모두 거부하고, '몰락해서 허름한 집안은 허름한 행실을 뜻하는 것'이라며 모욕의 상처를 더 깊게 한다. 테스는 거의 할 말을 잃는다. 혼인 초야에 엔젤은 신부와 잠자리를 함께하지 않고 아래층 소파에서 잠을 잔다.

다음날 아침 엔젤이 먼저 말을 건다. 화해를 암시하는 것 같지만 그것은 헛된 기대로 드러난다. 결혼의 행복감에 젖어 있어야 할 신혼부부는 이제 앞일을 결정해야 한다. 테스는 엔젤을 설득하기 위해 자신의 견해를 분명히 하려고 애쓰고, '자신이 받아야 할 벌로서 모든 걸 받아들인다'. "아마 저하고 같이 오래 지내시진 않겠지요. 그렇죠, 엔젤?" "함께 지내진 못하겠소." 결국 엔젤은 테스에게 말롯에 있는 친정집으로 갈 것을 제의하고,

그녀는 그 말에 따른다.

　그날 밤 깊은 몽유 상태에서 테스의 방으로 온 엔젤은 그녀를 안고 어둠에 잠긴 밖으로 나간다. 그는 아내가 "죽었어, 죽었어, 죽었다!"고 중얼거린다. 테스는 그의 잠을 깨우지 않으려고 한다. 엔젤은 톨보세이즈에서 몽유병 상태로 그녀를 데리고 나갔던 일을 회상하는 것 같다.(23장) 그는 테스를 데리고 강을 건너 허물어진 교회로 가서 석관 안에 그녀를 눕히고, 그 옆에 누워서 계속 잠을 잤다. 테스는 조심스럽게 그를 일으켜 소파 위에 눕혀준다.

　다음날 아침, 테스는 간밤에 있었던 일을 엔젤에게 말하지 않는다. 엔젤은 톨보세이즈에 들렀다가 말롯에 있는 테스의 집으로 가기 위해 짐을 꾸리고 있다. 그들은 톨보세이즈에서 불화 사실을 밝히지 않는다.

　엔젤은 테스와 헤어지기 전에 꽤 많은 돈을 주고, 필요하면 자기 부모를 통해 편지를 보내라고 말한다. 그들은 테스의 고향 마을 동구 근처에서 헤어진다. 테스는 어머니를 만나 지난 이야기를 한다. 모녀는 끌어안고 함께 눈물을 흘린다. 어머니는, 귀가한 아버지가 딸의 결혼이 사흘 만에 끝난 사실에 받을 충격을 가라앉힐 동안 집에 숨어 있으라고 말한다. 아버지는 정말 깜짝 놀란다. 테스는 집에 2, 3일만 머물기로 마음먹는다. 이 짧은 동안에 테스는 엔젤의 편지를 받는다. 농장을 물색하느라고 영국 북부에 가 있다는 내용이다. 테스는 엔젤에게 받은 돈의 절반을 어머니에게 건네고 십늘 떠난다.

엔젤은 테스의 고백에 놀란다. 테스는 몇 번이나 슬픈 사연을 자세히 설명하려고 애쓰지만 엔젤은 무시한다. 엔젤은 그녀를 용서할 수 없다. 엔젤이 완강하게 버티는 원인은 분명하지 않다. 그가 내놓는 가장 그럴듯한 이유는 먼 훗날 자기네 아이들이 그걸 알게 되면, 테스가 강간과 다른 아기의 존재를 털어놓지 않을 수 없다는 것이다. "오, 테스, 용서란 이런 경우엔 적용되지 않는 말이오! 이전의 당신과 지금의 당신은 전혀 다른 사람이오"란 말이 어쩌면 가장 설득력 있는 이유일지 모른다. 그러나 실제로 변한 것은 테스가 아니라 그녀에 대한 엔젤의 인식이다. 과거가 있는 여인이 어떻게 자기와 사랑에 빠졌던 여인과 같을 수 있느냐는 것이다. 하디는 그의 성격을 이렇게 설명하고 있다. "보통 때는 점잖고 다정한 그였지만, 그 성품의 먼 밑바닥에는 딱딱한 윤리의 층이 있어서 이것을 지나려는 물건의 칼날은 모두 무뎌져버리고 만다… 이성(異性)에 관해서도 일단 믿지 못하게 되면, 따라가기를 그친다." 그리고 엔젤은 '(테스를) 일종의 사기꾼, 순진함을 가장한 죄를 지은 여자'로 보았다.

결혼 초야에 서로의 과거를 고백하는 동안, 두 사람의 과거는 그 범위와 중요성에서 거의 같다. 그런데 왜 그 벌은 차이가 나는가? 하디는 비록 범죄가 동일해도 벌은 같지 않을 때가 있다고 말하는 것 같다. 엔젤은 처벌을 면하지만, 테스는 오랜 기간에 걸쳐 심한 고통을 당한다. 여기서 하디는 남자와 여자에 대한 사회의 이중 잣대를 보여주고 있다. 엔젤의 과거 탈선은 용서되지만, 테스의 경우는 오로지 여자이기 때문에 용서받지 못하는 것이다.

Chapters 39-41

브라질로 떠나는 엔젤

에민스터의 부모 집으로 돌아간 엔젤은 가족에게 농부가 되기 위해 브라질로 갈 생각이라고 말한다. 멀리 떨어진 외국으로 가겠다는 갑작스러운 말에 가족들이 놀란다. 브라질에서 1년간 일해 기반을 마련한 뒤에 테스를 데려가려는 생각이란다. 가족들은 테스의 성품과 몸 상태는 괜찮은지 묻는다. 그는 그건 말할 나위 없이 최상이라고 답한다.

엔젤은 집으로 가는 도중에 부모가 신부감으로 골라둔 머시 챈트와 만나게 된다. 그들은 엔젤의 브라질 행에 관해 이야기를 나눈다. 엔젤은 "내가 미치는 모양입니다"라고 말한다. 엔젤은 테스에게 줄 보석과 돈을 은행에 맡기고 귀가하다가 이즈 휴잇을 만난다. 그가 이즈에게 함께 브라질로 가자고 하자 이즈가 동의한다. 자기 행동이 충동적이었음을 깨달은 엔젤은 이즈에게 동행을 청한 것을 재고하고는 닷새 뒤 브라질로 떠난다.

8개월이 지났다. 테스는 일정한 수입이 거의 없는 데다 불규칙적인 일만 하다 보니 경제적으로 심한 곤궁 상태에 빠져 있다. 그녀는 돈의 절반을 말롯에 있는 집의 지붕을 고치는 데 쓰도록 주고 나머지는 식량과 옷을 사는 데 쓴다. 돈이 다 떨어져갈 무렵, 들일꾼 자리가 있을 것 같다는 마리언의 편지를 기억해낸다. 기껏해야 중노동이겠지만. 테스는 말롯의 집에서 그리 멀지 않은 플린트콤-애시로 향한다. 가는 동안 숙식할 돈마저 충분치 않은 그녀는 숲 속에서 잠을 자다가 사냥꾼들의 엽총에 부상

당한 꿩들을 발견한다. 사냥꾼들이 찾지 못한 놈들이다. 그녀는 다친 꿩
들의 고통을 덜어주기 위해 목을 비틀어 죽인다.

　　엔젤은 농사를 지어보려고 브라질로 가기로 결정한다. 갑자기 그런 결심을 들은 부모는 깜짝 놀란다. 그들은 테스가 어디 있는지도 궁금해 한다. 밤에 가족이 성경 구절을 읽는 시간에 아버지 클레어 목사는 결혼한 아들을 위해 덕성스러운 여자가 가족에게 공헌하는 이야기(잠언 31장 10절)를 들려준다. 이 성경 구절을 듣던 엔젤은 견디지 못하고 눈물을 흘린다. 부모는 걱정하지 않을 수 없다. 엔젤은 테스에게 일어났던 일의 일부를 말하지만 자초지종을 전부 털어놓지는 않는다. 어머니가 "과거를 캐보아도 떳떳한 여자냐?" 하고 묻자 엔젤은 '아주 깨끗하다'고 답한다. 그러나 다음 순간, 부모에게 거짓말을 하지 않을 수 없도록 만든 테스에게 분노를 느낀다. 여기 역설이 있다. 테스는 정숙하다. 문제는 오히려 엔젤에게 있다. "이들 누 사람 위에는 엔젤 클레어가 생각하는 것보다 훨씬 더 짙은 그림자, 바로 엔젤 그 자신의 한계라는 그림자가 내리 덮여 있었다."

 클레어 목사 부부는 테스에게 결점이 있다고 해도 엔젤이 고칠 수 있을 것으로 믿는다. 클레어 부인은 "처

음에는 아마 교육 수준이 높은 네 비위에 거슬리는 상스런 몸가짐이 눈에 띌 테지만 같이 살면서 가르치면 곧 없어질 거다”라고 말한다. 그러나 융통성이 부족한 그는 테스의 곤경을 이해하지 못하고 완고하다. 엔젤의 한계는 테스의 보호자로서의 가능성에 어두운 그림자를 던진다. 그는 테스의 흠집이 그녀의 삶을 망칠 것이라고 굳게 믿고 있다. “그는 본모습이 아니었던 테스 생각에 몰두하느라고 그녀의 진정한 모습을 간과했고, 결점이 완전함보다 나을 수도 있다는 것을 잊어버렸다.”

엔젤이 머시와 이즈를 만나서 나눈 대화는 그의 변덕스러운 성격과 불안정한 정신 상태를 보여준다. 그는 테스가 전에 분명히 밝히려고 애썼던 일을 뒤늦게 알게 된 것을 자책하고 있다. “오, 테스! 조금만 더 일찍 이야기해 주었더라면 용서했을 텐데!” 그에 비해 이즈는 많은 걸 물어보지 않고 엔젤의 브라질 행 제의를 받아들였지만, 정직한 여자다. 엔젤은 나중에 이즈로부터 톨보세이즈 농장에서 테스가 그를 가장 사랑했다는 말을 듣는다. “아무도 테스보다 당신을 더 사랑할 순 없었어요!… 맥을 위해서라면 목숨이라도 바쳤을 거예요. 전 그만큼 못해요.” 엔젤은 성급한 제안을 부끄러워하면서 실없는 이야기이니 잊어버리라고 한다. 심지어 엔젤은 브라질 행도 재고하지만 그의 운명과 의식이 가던 길을 가도록 한다.

41장에서 테스는 플린트콤-애시로 가는 길에 숲 속에서 잠을 잔다. 다음날 아침 깨어나면서, 사냥꾼의 총에 상처

입은 꿩을 몇 마리 발견한다. 그녀는 그 새들의 고통을 끝내주기 위해 눈물을 흘리면서, "눈에 띄는 대로 목을 비틀어 죽였다." 이 장면은 주제와 관련해서 중요하다.

인물탐색 첫째, 그것은 테스의 성격을 더 많이 알려준다. 그녀는 꿩들의 고통에 대해 동정과 자비심을 보여주고 있다. 자기가 고통을 받고 있어서 남의 고통을 아는 것이다. 꿩을 죽인 것은 인정에서 나온 행동이다. 테스는 자기의 곤경을 꿩의 곤경과 비교한다. "가엾어라. 너희들이 당한 곤경을 보고도 내가 세상에서 가장 비참한 존재라고 생각하다니!" 그녀 자신은 몸에 상처를 입고 있지는 않다. 다만 정신적인 상처를 갖고 있다. 꿩들은 거의 죽어가고 있지만 자기는 그렇지 않다. "자연의 법칙에는 아무런 근거 없이 제멋대로인 사회 법칙 밑에서 저주받고 있다는 심정 외에는 별다른 이유도 없이 밤새도록 암울해 했던 자신이 오히려 부끄러웠다." 하디의 견해는 테스의 운명을 다스리는 '제멋대로인 법칙'이 자연의 법칙을 지배한다는 것이다.

문학적장치 둘째, 이 장면은 소설의 종말을 예고하고 있다. 테스와 꿩들은 같은 운명이다. 둘 다 사냥을 당해 상처를 입고, 혼자 힘으로 안전한 은신처를 찾고 있는 것이다. 차이가 있다면, 꿩들의 고통은 테스가 끝내주지만 그녀 자신의 고통은 끝나지 않는다는 것이다. 어떤 의미에서는 지금까지 테스에게 일어난 일을 대변하면서 그녀의 죽음을 예고한다고 볼 수 있다.

Chapters 42-44

 ## 테스, 시댁을 찾지만…

테스는 자기 미모에 끌릴 남자들의 시선을 피하기 위해 이를 앓는 사람처럼 수건으로 얼굴을 싸매고 작은 가위로 눈썹을 잘라버린다. 플린트콤-애시에 도착한 그녀는 이미 그곳에서 일을 하고 있는 마리언과 만난다. 그녀는 이 농장을 '굶어 죽기 알맞은 곳'이라고 말한다. 톨보세이즈의 풍요로운 낙농장과는 딴판이란 것이다. 일은 순무를 캐고, 옥수수를 수확하고, 지붕을 덮을 이엉을 만드는 것 따위다. 남자나 여자 모두에게 똑같이 고된 일이다. 테스는 '수태고지절'* 인 4월 6일까지 일하기로 계약한다.

두 친구는 농장에서 비가 오나 눈이 오나 일만 한다. 마리언이 이즈 휴잇에게 편지를 보내자, 그녀도 이곳에서 함께 일하기 위해 온다. 순무를 캐기에는 너무 추운 어느 날, 농장 주인은 그녀들을 이엉 만드는 일을 하도록 인근 농장으로 보낸다. 전에 더버빌 집안의 슬로프 장에서 일하던 다크 카와 '다이아몬드의 여왕'도 그곳에서 일하고 있다. 그 여장부 자매는 테스를 만났던 일을 기억하지 못한다.

테스는 고용주인 농부를 만나는데, 읍내에서 테스를 모욕했고(33장), 오솔길에서 만났던 바로 그 사람이다.(41장) 천박한 그는 테스에게 앙심

---

* **수태고지절**(受胎告知節): 천사 가브리엘이 마리아에게 예수의 잉태를 알린 것을 기념하는 날.

을 품고 "그래, 좋을 대로 하라구, 하지만 누가 여기 주인인지 두고보자구"
라고 말한다. 그는 처녀들에게 일을 더 열심히 하라고 윽박지르기 일쑤다.
테스는 다른 일꾼들이 떠난 뒤에도, 자기 일을 마무리하려고 남아서 작업
을 한다. 이즈와 마리언도 함께 있어준다. 테스는 녹초가 되어 기절한다.
건초더미 위에서 회복중이던 테스는 이즈가 마리언과 나누는 이야기를
듣게 된다. 엔젤이 함께 브라질로 가자고 했다는 것이다. 테스는 엔젤의
소식을 듣기 위해 시부모와 만나기로 결심한다.

　다음 일요일, 테스는 에민스터를 향해 길을 떠난다. 왕복 48킬로나
되는 먼 거리다. 엔젤과 결혼한 지 1년이 지났다. 테스는 시부모에게 자
신의 곤경을 알리고, 엔젤로부터 소식을 듣고 있는지도 알아보려는 것이다.

그녀는 시부모에게 잘 보이기 위해 투박한 장화를 벗어 가까운 덤불에 숨겨두고, 정장용 구두를 꺼내 신는다.

엔젤의 형들이 테스의 장화를 발견한다. 그들은 테스가 근처에 있는 줄도 모르고 그 장화를 클레어 목사의 목사관으로 가져간다. 테스는 클레어 집안사람들을 만날 용기를 잃고, 실의에 빠진 채 플린트콤-애시로 발길을 돌린다. 농장으로 돌아가던 길에 그녀는 알렉 더버빌과 마주친다. 그는 '지옥의 불'을 역설하는 거리 전도사가 되어 있다.

플린트콤-애시와 톨보세이즈는 아주 대조적이다. 플린트콤-애시는 극도로 황량한 곳이다. 반면, 톨보세이즈는 프룸 강의 강물로 관개가 잘 되어 풍요롭고 아름다운 곳으로 그려지고 있다. 플린트콤에서는 천박한 마음씨를 가진 농부 그로비가 일꾼들을 혹사하고 있다. 그에 반해 톨보세이즈 낙농장 주인 크릭은 유머와 점잖은 행동으로 일꾼들을 효율적으로 부리는 사람이다.

문체 탐색 엔젤의 형들이 테스에게 보인 무관심은 독자들이 이미 알고 있는 그들의 성향을 고려할 때, 그리 놀라운 일이 아니다. 그러나 테스는 처음 만난 그들로부터 엔젤의 결혼과 엔젤에 대해 모욕적인 말을 듣는다. 둘째가 맏형에게 이런 말을 했던 것이다. "그 애(엔젤)가 별난 의견을 갖고 있어서 우리 사이가 멀어지기 시작했지만, 분별없는 결혼으로 완전히 틀어진 셈이 됐어요." 목사인 엔젤의 형들은 절망적인 상황에 처한 사람들은 별로 안중에 없고, 동정 받을 값어치가 있다고 생각하는 사람들만 동정하는 그런 부류다. 자비(mercy)란 뜻의 이름을 가진 머시 챈트도 덤불에서 테스의 신발을 발견하고, 그 신발 임자가 '아마 맨발로 읍내에 들어와서 우리들의 동정을 사려는 사기꾼'일 것이라고 냉담하게 한마디 거든다. 따라서 세 사람—머시, 커스버트, 펠릭스—은 모두 그 순간에 테스가 필요로 하는 동정심을 가지고 있지 않음을 보여준다. 하디는 엔젤의 형들이 '고지식하고 냉혹한' 사람들이라며 몹시 메마른 성격을 강조하고, 머시 챈트도 '약간 딱딱하고 새침하다'고 그리고 있다.

주제탐색 여기서도 아주 사소한 우연이 운명의 방향을 바꿔놓을 수 있다는 소설의 주제가 되풀이된다. 테스는 엔젤의 부모가 아니라 형들을 만남으로써 엔젤과의 결혼에 관해 고약하고 몰인정한 말을 듣게 된다. 하디는 "그녀가 (엔젤의) 아버지가 아니고 아들들을 우연히 만난 것은 조금 운이 나빴다. 아버지는 편협하기는 해도 아들들보다는 훨씬 덜 고지식하고 덜 냉혹하며, 자비심은 넘칠 만큼 타고났다"고 말한다. 만약 테스가 시부모를 먼저 만났더라면, 그 결과는 달라졌을 것이다.

이 대목에서 테스는 알렉 더버빌과 재회한다. 그는 거리의 전도사로 변해 있다. 그는 과거의 죄를 회개하고 클레어

목사와 사도 바울의 가르침을 따르고 있다고 주장한다. 그러
나 다음 장에서 밝혀지듯 사이비 성직자다. 그는 설교에서 믿
음이 없는 사람들을 비난하면서도 테스를 쫓아가기 위해 성직
을 버린다.

Chapters 45-49

 : 줄거리

테스의 약점

테스는 복음주의 목사로 다시 나타난 알렉 더버빌을 보고 크게 당황한다. 이전의 부자가 아니라 평범한 모습을 하고 있다. 그는 테스를 보자 설교를 중단한다. 그는 죄를 회개했으며, 자기 어머니는 돌아가셨다고 말한다. 그러나 테스가 트랜트리지를 떠난 후 그녀에게 일어난 일들을 알게 되자 사과하고, 테스에게 다시는 자기를 유혹하지 않겠노라는 맹세를 하게 한다.

다음날 아침, 알렉은 플린트콤-애시 들판에서 일하는 테스를 찾아와 청혼한다. 그녀는 딱 잘라 거절한다. 그는 테스가 버림받았다며 남편은 결코 돌아오지 않을 것이라고 말한다. 그날 오후에 다시 테스를 찾아온 알렉은 함께 이곳을 떠나자고 매달린다. 그녀가 그의 말에 따르지 않자 과거 자신의 타락이 그녀 탓이라고 나무란다.

나중에 또 테스를 찾은 알렉이 손을 내밀며 청혼하고, 테스는 무거운 작업용 장갑으로 그의 손을 내리친다. 그는 그날 오후에도 다시 찾아와 테스가 농장의 힘든 일을 하지 않도록 데려가겠다고 제안하고, 그녀의 가족도 도와주겠다고 한다. 가족은 테스에게는 가장 큰 약점이다.

알렉과 헤어진 테스는 엔젤에게 즉시 돌아와달라고 호소하는 애절한 편지를 쓰기 시작한다. 그 편지는 에민스터에 있는 클레어 가족에게 전해지고, 가족은 그 편지를 엔젤에게 부친다. 엔젤에게도 불운이 있었다. 브라질의 황야에서 병이 나 고초를 겪고 있는 데다가, 동료 농부도 병으로 죽어 땅에 묻었다. 그는 테스에게 했던 행동에 죄책감을 느끼고, 이전 생각도 바뀌었다.

플린트콤-애시 농장에서의 계약 만료일이 가까워질 무렵, 여동생 리자 루가 찾아와 부모님이 모두 병으로 누웠으니 집으로 돌아가야겠다고

말한다. 테스는 그날 저녁 곧장 말롯을 향해 길을 떠난다.

알렉은 테스를 보자 열렬한 목사에서 과거의 모습으로 되돌아가기 시작한다. 그는 자신의 타락이 그녀 탓이라고 비난하면서 플린트콤-애시 농장을 떠나 결혼하자고 제안한다. 그녀는 여러 차례 거절하지만, 집요한 청혼에 점점 마음이 약해진다. 그녀를 약하게 만드는 것은 가족을 돌봐주겠다는 말이다. "난 당신뿐만 아니라 당신 부모와 동생들에게 이런 고생을 안 시킬 만한 것, 아니 그 이상을 가지고 있어." 테스는 강하게 거절한다. "만약 그애들을 도와주고 싶으면—도움이 필요한 거야 말할 나위도 없으니까—내게 말하지 말고 그냥 도와주세요." 목사로서의 성실성에 대한 테스의 의심은 그가 테스를 쫓아다니려고 설교 일정을 포기했을 때 확인된다. 여기서 하디는 순박한 시골 처녀의 신앙심과 비교해서 근래에 개심했다고 주장하는 성직자들의 천박성을 부각시키고 있다.

알렉이 설교를 하다가 테스를 발견하고 나서, 두 사람은 '손바닥의 십자가'라고 불리는 바위까지 걸으면서 대화를 나눈다. 알렉은 그 바위가 이전의 어떤 경계이거나 회합 장소를 상징하는 것처럼 가장한다. 그는 테스에게 손이 그려진 돌 위에 손을 올려놓고 다시는 자기를 유혹하지 않겠노라고 맹세하게 만든다. 나중에 테스는 그 바위의 십자가가 '성(聖) 십자가'가 아니라, 영혼을 사탄에게 팔아버린 사나이의 상징물임을 알게 된다. 테스가 만난 목동은 그 돌의 정체를 이렇게 설명한다. "십자가요, 아닙니다. 십자가가 아니랍니다. 그건 불길한 조짐을 지닌 돌이지요, 아가씨. 옛날, 기둥에 묶여 손바닥에 못이 박히는 고문을 당하고, 나중에 교수형을 당한 어떤 죄인을 위해 그의 친척들이 세운 것이라는데, 그 밑에 그 사람의 뼈가 묻혀 있대요. 그는 마귀한테 영혼을 팔았기 때문에 귀신이 되어 가끔 그곳을 걸어 다닌다는군요."

하디가 그런 표식과 그에 관련된 일화를 포함시킨 것은 독자들이 거기에서 무언가를 이해하기 바랐기 때문이다. 따라서 신중한 독자라면 그 의미를 알 수 있을 것이다. 그 십자가는 종교적 상징이 아니라, 한 사악한 사내(알렉)가 테스에게서 자기를 유혹하지 말라는 약속을 강제로 받아냈다는 것을 상기시키는 장치다.

Chapters 50-52

집요하게 다가오는 알렉

테스는 웨섹스 주의 시골을 여행해서 오전 3시에 말롯에 도착한다. 병을 앓고 있는 부모 옆에서 한 이웃사람이 간호하고 있다. 가족이 텃밭으로 빌린 땅에는 아무것도 심어져 있지 않다. 테스와 리자 루는 곧바로 일을 시작한다. 테스는 밤에도 일을 해서 봄갈이 농사로 씨감자를 심는다. 알렉이 들판에서 일하는 테스를 발견하고 다가와 집에 선물을 가져다 두었다고 말한다. 리자 루가 와서 어머니는 병세가 좋아졌으나, 아버지가 세상을 떠났다고 말한다.

그 와중에 테스네 가족은 살던 집에서 쫓겨난다. 식구 수가 더 많은 가족이 그 집에 들어오게 되었기 때문이다. 그러나 테스와 가족은 그 같은 추방이 테스의 과거와 마을 사람들의 비난 때문이라고 생각한다. 테스네 가족은 가까운 킹스비어까지 타고 갈 말과 마차를 세낸다. 알렉이 도움을 주려고 다시 나타나지만, 테스는 단호히 거절한다. 알렉의 유혹과 가족을 돕겠다는 제의를 더 이상 거부하기 어렵다고 느낀 테스는 엔젤에게 절절한 편지를 쓴다.

다음날, 가족이 킹스비어로 이사 가는 도중에 테스는 친구 마리언과 이즈를 만나게 된다. 두 처녀는 지금 다른 농장에서 일하고 있다. 테스는 아버지가 돌아가신 일을 말해 준다. 킹스비어에 도착한 테스 가족은 세를 들려고 했던 집이 다른 사람에게 임대된 것을 알게 된다. 다른 집을 구할

동안, 이삿짐은 모두 교회 뜰에 부려놓는다. 밖에서 밤을 나려고 마차에서 침대를 내리고 있을 때, 테스는 교회 안으로 들어갔다가 어떤 무덤 위에 누워 있는 알렉을 발견하고 소스라치게 놀란다. 한편, 마리언과 이즈는 엔젤에게 즉시 귀국하라고 재촉하는 편지를 보낸다.

주제탐색 존 더비필드의 죽음으로 가족은 집을 잃고 곤경에 처한다. 새로운 일자리를 찾아 살던 집을 떠나는 것이 아니다. 그 집을 필요로 하는 사람이 집세를 낼 능력이 있는 데다가, 테스와 같은 과거가 없기 때문에 쫓겨나게 된 것이다. "사실 이 집안(테스의 집안)이 절제라든지 금주라든지 정숙이라는 면에서 빛나는 본보기가 될 수는 없었다. 아버지, 심지어 어머니까지도 종종 만취 상태가 되었고, 아이들은 교회에 나가는 일이 별로 없고, 큰딸은 해괴한 남녀 관계를 맺었다." 이 구절은 당시 영국의 시골 마을에서 수많은 가족들이 강제로 쫓겨나는 일에 대한 하디의 논평이다. 당시에는 이런 추방이 도시의 인구 폭발로 이어지고 시골은 텅텅 비는 상황이 초래되었다. 하디는 산업화가 시작되면서 농업 종사자들이 줄어들고 작은 마을이나 소읍들에 진공 상태가 빚어지는 현상을 객관적인 관점에서 한탄하고 있는 것이다. 더비필드 집안은 이 마을에서 아무런 쓸모가 없는 존재이기 때문에 "그들의 임대계약

기간만 끝나면, 도의적인 견지에서라도 떠나야 할 사람들이라고 마을에서는 무언중에 생각하고 있다." 그들이 떠나면 마을은 불쾌감을 주는 집안을 쓸어버리게 되는 것이다.

이 같은 상황은 킹스비어에서 더비필드 가족이 세를 들려던 집이 이미 임대되어 이삿짐을 밖에 내려놓아야 했을 때도 되풀이된다. 이런 처지에서도 어머니는 더버빌 집안의 많은 조상들이 묻힌 교회 묘지 위에 침대를 내려놓고, 그 둘레에 천막을 쳐서 가족의 잠자리를 마련한다. 찢어지게 가난해진 더비필드 가족의 형편과 늦어지고 있는 엔젤의 귀국, 알렉의 집요한 애원 등의 극단적인 조건이 시시각각 테스에게 모든 것을 충족시켜줄 해결책을 찾도록 압박한다. 점차 알렉의 돈과 도움을 거절하기 어려운 처지가 되어가는 것이다.

테스가 엔젤에게 두 차례 편지(48장, 51장)를 보냈지만 그녀의 애원은 무시당한 것 같다. 그리고 알렉은 테스에게 엔젤이 결코 돌아오지 않을 것이며, 말 한마디 없이 그녀를 버렸다는 확신을 심어주고 있다. 첫 편지에서는 그녀가 온 힘을 다해 알렉의 유혹과 싸우고 있다는 것을 느낄 수 있다. "나는 너무나 절박한 유혹에 직면해 있어요, 엔젤. … 그러나 내가 무서운 함정에 빠져서 이 유혹에 져버리는 일이 있다면, 첫번보다 훨씬 더 비참한 처지가 될 거예요." 이어 두 번째 편지는 애원이 아니라 자기가 부당한 대우를 받고 있다는 항의조다. "오, 엔젤, 왜 저를 이토록 끔찍스럽게 대하시나요! 저는 이런 대접을 받아야 할 만큼 그렇게 나쁜 여자가 아녜요." 그녀는 분노에 휩싸여 엔젤을 잊겠다는 말까지 한다. 마리언과 이즈도 엔젤에게 다른 사람이 테스를 넘보고 있다고 경고하는 편지를 보낸다. 이 세 통의 편지가 엔젤에게 테스의 절박한 사정을 짐작케 해준다. 그는 즉각 아내를 찾기 위해 행동에 나선다.

Chapters 53-56

: 줄거리 **"이젠 너무 늦었어요"**

엔젤의 부모는 걱정스러워하며 아들이 브라질에서 돌아오기를 기다린다. 그는 브라질에서 나이 먹고 마른 초췌한 모습으로 돌아온다. 테스의 편지를 읽은 그는 테스의 안부와 친정집에서 살고 있는지를 알아보려고 조운에게 편지를 쓴다. 조운의 무뚝뚝하고 짧은 답신은 딸이 집에 없으며 소재도 모른다는 내용이다. 엔젤은 테스가 자기 부모를 찾아오지 않았고, 돈을 보내달라는 요구도 하지 않은 것을 알게 된다. 그는 마리언과 이즈의 편지를 읽고 즉시 테스를 찾아 떠날 계획을 세운다.

엔젤은 먼저 테스를 찾으러 플린트콤-애시와 말롯으로 간다. 말롯에서 테스 아버지의 묘를 발견하고 묘지기에게 묘비 값을 지불한다. 테스네 가족이 킹스비어로 갔다는 사실을 알게 된 그는 그곳으로 가서 조운 더비필드 부인을 만난다. 그녀에게 테스의 소재를 묻지만, 멋진 해변 휴양지 샌드번에서 살고 있다는 것만 알게 된다.

길을 떠난 엔젤은 아무 정보도 얻기 어려운 늦은 밤에 샌드번에 도착한다. 다음날 아침, 그는 한 우체부가 귀띔해 준 얘기로 백로관이란 여관에서 테스를 찾아내고 묵는 곳이 어디냐고 묻는다. 그곳에서는 그녀가 테

레사 더버빌로 알려져 있다. 그녀는 알렉과 동거중이고, 휴양차 함께 여행을 왔던 것이다. 테스를 만난 엔젤은 그녀에게서 함께 갈 수 없다는 말만 듣게 된다. "이젠 너무 늦었어요." 그녀는 엔젤을 쫓아내면서 이제는 알렉의 여자니까, 다시는 찾아오지 말라고 당부한다. 여관을 나선 엔젤은 하염없이 거리를 배회한다.

테스가 방으로 돌아오니 알렉이 기다리고 있다. 여관 주인 브룩스 부인은 열쇠구멍과 테스의 방 바로 아래 있는 사무실에서 몰래 더버빌 부부의 동정을 살핀다. 테스는 알렉이 자기를 속인 것을 깨닫고 거짓말을 했다며 나무란다. 다시 한 번 자기를 차지하려고 엔젤이 절대로 귀국하지 않을 것이라고 속였다는 비난이다. 격분한 테스는 식탁용 칼로 알렉의 심장을 찌른다. 여관을 나온 테스가 역에서 엔젤을 발견한다. 그 사이에 살인 소식이 휴양지에 빠르게 퍼져 나간다.

　　테스 어머니가 엔젤에게 보낸 짤막하고 퉁명스런 답신은 모든 일이 제대로 되고 있지 않다는 것을 암시한다. 조운은 테스가 어디로 갔는지 전혀 모른다고 한다. 엔젤은 테스를 찾아서 플린트콤-애시, 말롯, 이어 킹스비어로 서둘러 간다. 조운은 엔젤을 알아보지만, 테스에 관해 아는 사실을 엔젤에게 털어놓기를 망설인다. 아마도 말롯에서 겪은 곤경 탓으로 이곳에서도 자기 가족을 불쾌한 존재로 여길지 모른다고 예민하게 의식하는 것 같다. "테스는 제가 애써 찾아주기를 바랄까요?" "아닐 것 같군요" 하고 그녀는 딱 잘라 대답한다. 그렇더라도 테스는 자기와 다시 만나기를 바랄 것이라고 엔젤은 생각한다. 이어 "어쩌면 그럴지도 모르죠. 나도 그애 속은 정말 모르겠어요"라는 조운의 말은 매우 의미심장하다. 독자들도 테스를 수수께끼로 생각할 수밖에 없을 것이다. 여기서 하디의 관점은, 심지어 평생을 두고 아는 사람이라고 할지라도, 때로는 아무리 애써도 그 사람을 진정으로 알지 못할 때가 종종 있다는 것이다. 더불어 어떻게 자기 눈앞에서 자란 딸이 낯설게 느껴지는지에 대한 한 어머니의 노여운 반응이기도 하다. 그러나 56장에서 일어난 사건은 특수하고 예상치 못한 일이다. 테스는 자기 삶을 뒤엎어놓은 사람에게서 벗어나기 위해 '주인'을 칼로 찔러 죽인다. 알렉이 자신을 기만한 것을 알고는 분노를 폭발시킨 것이다.

고대 그리스 비극에서와 마찬가지로 살인 행위는 무대 밖에서 이루어진다. 알렉이 살해당한 유일한 암시는 그가 묵는 방 아래층 방의 흰 천정에 피가 얼룩지고 있는 것뿐이다. "장방형의 새하얀 천장 한가운데에 있는 주홍빛 반점은 마치 거대한 트럼프 카드의 하트 에이스 같았다." 테스가 알렉의 심장을 찌른 것은 주목할 만하다. 심장은 감정이 머무는 곳이다. 알렉의 심장을 찔렀다는 것은 두 사람 사이의 감정적인 측면을 죽여버린 것이다. 그리하여 테스는 알렉과 연결된 감정의 끈에서 해방되어 진정으로 자유로워진다. 그 대가는 엄청난 것이겠지만.

Chapters 57-59

첨탑 위에 걸린 검은 깃발

엔젤은 부모가 보낸 전보를 통해 형 커스버트가 머시 챈트와 약혼한다는 소식을 듣는다. 그는 집으로 돌아가는 기차를 타려고 호텔을 나와 기차역으로 향한다.

역에서 엔젤을 만난 테스는 알렉을 살해했다고 고백한다. 엔젤은 즉각 여행자들이 많은 길을 피해가며 걸어서 영국 북부 지방으로 갈 계획을 세운다. 이 살인 사건을 둘러싼 일들이 잊혀질 때까지 기다렸다가 어느 항구 도시로 가서 외국으로 밀항할 속셈이다. 두 사람은 마침내 동반자가 된 행복감을 느끼며 먼 길을 걷다가 관리인이 가끔 들르는 빈 셋집을 하나 발견한다. 브람시어스트 관(館)이라는 이 저택은 세들 사람이 없어서 텅 비어 있다. 그들은 이곳에 머물기로 한다. 그리고는 큰 침실에서 잠들어 있는 모습이 관리인에게 발견될 때까지 닷새를 묵는다.

그 후, 엔젤과 테스는 고대의 돌기둥이 늘어서 있는 스톤헨지에 닿을 때까지 곧장 북쪽으로 이동한다. 자신의 자유가 제한되어 있고 종말이 가까워지고 있음을 예감한 테스는 엔젤에게 자기가 죽으면 여동생 리자 루와 결혼하겠다는 약속을 받아낸다. 밤이고 너무나 고단했던 테스는 '돌 제단' 같은 것 위에 누워 잠이 든다. 동틀 무렵, 두 남녀는 경찰들에 포위되고, 테스는 체포된다. 종말이 다가온 것이 오히려 반가운 그녀는 순순히 경찰에 연행되어 간다.

　　마지막 장에서는, 교수형을 선고받은 테스의 처형을 보기 위해 엔젤과 리자 루가 함께 윈턴체스터로 간다. 그들은 처형 장면을 실제로 참관하지는 않고, 시내 첨탑 위에 검은 깃발이 오르는 것을 보고 교수형 집행을 알게 된다. "마침내 기운을 차린 두 사람은 일어나서 조용히 손을 마주잡고 그곳을 떠났다."

하디는 마지막 장에서 이야기를 원점으로 돌려 놓는다. 이 소설의 도입부에 테스와 엔젤이 만난 5월 어느 날 이후 4년이 흘렀다. 그리고 소설의 종말이 다시 5월에 이뤄진다.

엔젤은 형 커스버트와 머시 챈트의 약혼 소식을 듣고 샌드번을 떠나려고 철도역에서 다음 기차를 기다리다가 테스와 만난다. 엔젤은 알렉을 죽였다는 테스의 말을 믿을 수 없다. 그러나 이내 테스를 도피시키려고 작정한다. 그들은 브람시어스트 관이란 빈 집에 닷새 동안 머물면서 마침내 부부로 결합하여 짧지만 행복한 시간을 보낸다. 테스는 곧 살인범으로 수배될 것이므로 엔젤과 함께할 시간이 길지 않다는 사실을 예감하고 있는 듯하다. "내 삶은 앞으로 두어 주일밖엔 안 남았어요." 그녀의 마지막 소망은 엔젤이 여동생 리자 루와 결혼하는 것이다. 테스는 리자 루를 두고 '내 나쁜 점은 하나도 안 닮고 좋은 점만 모두 갖고 있다'고 설명한다. 59장에서 테스의 교수형이 집행된 뒤, 엔젤과 리자 루가 손을 잡고 걸어가는 모습에서 우리는 엔젤이 테스의 소망을 이뤄줄 것임을 알 수 있다.

샌드번에서 시작된 추격은 스톤헨지 유적지에서 끝난다. 기원전 2800년부터 기원전 1500년 사이로 거슬러 올라가는 스톤헨지는 거대한 돌기둥들이 둥글게 모여 있는 고대 유적이다. 이 거대한 돌기둥들은 종교나 부족 신앙을 위한 예배 장소이거나 점성술 달력으로 쓰기 위한 것이었다. 특히 하디의 시대에는 이 거석(巨石)들의 원래 용도가 신비에 싸여 있었기 때문에 전문가들의 추측만 있을 뿐이었다. 먼 길을 여행한 후 휴식이 필요해진 두 사람은 스톤헨지에서 걸음을 멈춘다. 돌들은 아직도 낮에 받은 태양열이 남아 따뜻하다. 테스는 어머니의 친척이 이 부근에 살고 있다는 사실을 떠올린다. "지금 생각나는데, 어머니 친척 되는 사람이 이 근처에서 양을 쳤대요. 톨보세이즈에서 당신이 늘 제게 이교도라고 했지요. 그러고 보니 제 고장으로 돌아온 셈이네요." 엔젤은 테스가 꼭 '제단 위에 누워 있는 것 같다'고 생각한다. 그곳에서 의식을 치르던 고대 이교도들이 올린 하나의 제물처럼. 현대적인 의미에서 테스는 19세기의 법과 도덕률에 희생되는 제물이라고 할 수 있다.

하디는 "'정의'는 이루어졌다. 아이스킬러스의 말대로 제신(諸神)의 왕자는 테스에 대한 장난을 끝마쳤다"는 말로 〈테스〉의 막을 내린다. 이 구절을 이해하려면 약간의 배경을 알아야 한다. 먼저, 아이스킬루스는 고대 그리스(546-525 B.C.)의 극작가였다. 그는 개인의 의지와 인간에게 영향을 미치는 신의 권력을 주제로 한 희곡들을 썼다. 그의 희곡 〈포박된 프로메테우스 *Prometheus Bound*〉에서 프로메테우스는 하늘의 불을 훔쳐 인간들에게 가져다준 죄로 바위에 쇠사슬로

묶여 있는데, 날마다 낮이면 독수리 한 마리가 와서 그의 간을 쪼아 먹는다. 그러나 간은 밤마다 다시 자라난다. 헤라클레스가 그 독수리를 죽이고 프로메테우스를 풀어준다.

테스는 빅토리아 시대 영국의 도덕과 종교라는 신들의 '노리개'처럼 보이고, 인간의 선을 위해 희생당해야 했다는 의미에서 프로메테우스와 닮았다. 테스의 생애는 우연, 운명, 또는 신들이 개입한 결과다. 실제로 일부 비판자들은 테스의 비극적 삶과 죽음에 이르는 환경이 지나치게 인위적이고, 비현실적이며, 믿을 수 없다고 생각한다. 현실적이든 비현실적이든 운명이 테스의 세계에 끼어들어 인생행로를 결정지었다.

인물분석
노트

ㅇ 테레사 '테스' 더비필드

　　테스는 가장 호소력 있는 하디의 주인공들 가운데 한 사람이다. 그녀는 영국 문학 전반에서 볼 수 있는 문학적 인물들처럼 호감을 주는 여인이다. 독자들은 그녀의 곤경과 그녀가 받아들이는 불가피한 일들을 이해하게 된다. 테스는 그녀를 착한 사람으로 보는 하디의 묘사에서 벗어나는 성격의 일면을 보여주는 일이 없다. 그 결과, 독자는 테스와 엔젤을 위해 해피엔딩을 바라면서도 모든 이야기가 긍정적으로 끝나지 않으리란 사실을 알고 있다.

　　브론테 자매와 제인 오스틴 같은 하디의 일부 동시대 작가들은 지나칠 정도의 해피엔딩을 끌어내는 경향이 있었다. 그러나 하디는 〈테스〉에서 좀더 세속적인 등장인물들과 해피엔딩의 관념에 상반되는 이야기를 이끌어내려고 했다.

　　테스는 전형적인 주인공답지 않은 주인공이다. 다시 말해, 그녀는 큰 전쟁을 승리로 장식하거나, 중요한 정치적 결정에 영향력을 행사하지도 않는다. 그 반대로 자신의 작은 세계 속에 살면서, 그녀를 내리누르는 운명에 맞서려고 몸부림친다. 소설의 끝부분에서 그녀는 완성된 인격을 갖추지만, 그녀의 세계인 웨섹스 지방에 미칠 수 있는 영향은 실로 미미하다. 그럼에도 불구하고 그녀는 독자들의 찬사를 받을 만한 영웅적인 자질을 지니고 있다. 젖먹이 아들 소로에게 세례를 줄 때, 알렉의 폭력적인 괴롭힘과 엔젤로부터의 버림받음을 견뎌낼 때, 알렉에게서 벗어나기 위해 살인이라는 돌이킬 수 없는 수단을 동원할 때, 이러한 자질들이 나타나면서, 테스는 일상적인 보통 사람들 속의 주인공이 된다.

테스는 순박한 시골 처녀다. 기초적인 교육을 받고 자랐지만 말롯 마을 바깥세상에 널려 있는 함정들에 대해서는 전혀 모른다. 엔젤이나 알렉과 종교적·도의적인 문제를 토론할 때 보여주듯 호기심이 많다. 그녀의 약점이라면 순진무구함이다. 세상 물정에 대해 배운 것이 없기 때문에 제 자신을 보호할 수단이 없다. 테스는 어머니에게 험악한 세상의 실상을 전혀 이야기해 주지 않은 것에 대해 불평한다. "남자들이 위험하다는 걸 왜 진작 말해 주지 않았어요?"

하디는 테스를 한 인격체로 발전시켜 가면서 소박한 미녀로 그린다. 그녀는 모든 남자들에게 매혹적이다. 외모를 바꾸려고 해도 타고난 미모를 완전히 감출 수 없다. 그러나 젖먹이 아기에게 세례를 줄 때는 거의 성스럽고 거룩한 존재로 그려지기도 한다. 테스의 미모는 소박한 기품으로 균형이 잡혀 있고, 이런 점은 특히 톨보세이즈에서 엔젤의 청혼을 받을 때 잘 나타나고 있다.

안개의 물기로 빚어진 미세한 다이아몬드 같은 물방울이 테스의 속눈썹에 매달리기도 하고, 작은 진주알처럼 머리에 맺히기도 했다. 햇빛이 더욱 강하게 고루 퍼지면 이 이슬방울들은 말라서 사라지고 테스는 이 신기하고도 신비로운 아름다움을 잃었다. 이와 입술과 두 눈이 햇빛을 받아 빛나면 그녀는 다시 눈부시도록 아름다운 젖 짜는 아가씨로 돌아와 속세의 다른 여인들과 어울려 삶을 헤쳐 나가야만 했다.

그러나 하디는 그 아름다움의 이면에 숨어 고통받는 그녀의 마음도 그리고 있다. 테스는 활기에 넘치는 사람으로 그려질 수 없었다. 그녀는 깊은 우울과 미미한 행복의 가장자리 사이에 걸쳐 있는 것 같다. 그녀의 성격은 가까운 사람들에게 조차 수수께끼처럼 숨겨져 있다. 어머니 조운조차 "… 나도 그애 속은 정말 모르겠어요"라고 털어놓을 정도다. 소설 초반에 존이 "테스는 괴상하다"고 말할 때, 벌써 이러한 성향이 암시된다.

테스에게 일어난 일들에서는 운명이 지배적인 역할을 하고 있다. 운명을 받아들이는 태도는 테스가 사는 작은 마을의 사람들이 흔히 말하는 '어쩔 수 없는 일'이라는 한마디로 요약된다. 심지어 테스조차 말이 사고로 죽자 돈을 구하기 위해 스토크-더버빌 집안으로 가야 했을 때, 자기와 가족이 고달픈 처지에 빠졌다는 사실을 깨닫는다. 딸이 강간당한 것을 알게 된 어머니의 반응도 운명에 순응하는 자세다. "하여간, 이왕 당한 일이니 최선을 다해 볼 수밖에 없지." 소설의 끝부분에서 테스가 엔젤에게 "난 그(알렉)가 제게 한 일을 개의치 않아요"라고 말할 때는 알렉의 제안을 받아들이기로 체념하는 것이다. 자신의 안전이나 행복은 그녀에게 중요하지 않다. 살인죄로 체포당할 때도, "될 대로 된 거지요"라며 불가피한 일로 받아들인다. 다시 말해, 법적 절차와 사형을 피하려는 노력이 수포로 돌아가자 순순히 운명에 따르는 것이다.

이 작품은 열여섯 살부터 스물세 살 사이의 테스에게 일어난 일을 다루고 있다. 그녀는 그 어린 나이에 많은 일―프린스의 죽음에 대한 책임, 젖먹이 아기의 죽음, 파경, 살인, 마을 밖에서 '세상의 풍파를 맛보기 위해' 세 번이나 집을 떠난 일 등등―을 겪으며 강한 인물로 성장한다.

테스는 이기적이지 않다. 이 점은 톨보세이즈의 세 처녀가 모두 자기보다 나은 (엔젤의) 신부감이라고 말하는 데서도 나타난다. 테스를 엔젤의 결혼 상대라고 믿는 그녀들은 테스에게 나쁜 감정을 품지 않는다. 따라서 테스는 어떤 뚜렷한 부정적 요소도 없는 인물이라고 할 수 있다.

테스는 열정적으로 사랑하고 증오한다. 엔젤이 그녀에게 돌아올 것 같지 않고 곤경에 처한 가족을 돕기 위한 길이 없게 되자 비로소 결혼이란 의무를 벗어던진다. 그리고 엔젤의 이중성을 발견한 그녀는 이번이 그가 자기에게 벌이는 마지막 기만극이 되도록 하겠다고 결심한다.

테스의 순교자 같은 열정은 독자들의 동정심을 자아낸

다. 그녀는 자신의 과오를 바로잡기 위해 엔젤에게 결혼을 끝
내자고 제안하고, 자살하겠다고 하는가 하면, 돈이 필요하면
자기 부모에게 요청하라는 엔젤의 당부도 거부한다. 혼자 힘
으로 살아가려고 하고, 오로지 다른 사람들의 안녕을 위해 기
꺼이 자기 행복을 희생하려고 하는 모습에서 다른 등장인물들
보다 이타적이고 높은 도덕성을 지녔다고 하겠다.

테스의 가장 큰 약점은 가족, 특히 동생들인데, 알렉은
그것을 아주 효과적으로 이용한다. 소설의 도입부에서 테스가
슬로프 장으로 가는 것과 끝부분에서 알렉에게로 돌아가는 것
은 모두 가족을 위해 떠맡는 큰 고통을 함축한다. 알렉은 여러
차례에 걸쳐 더비필드 집안을 돕겠다고 약속하고, 테스는 거
절할 수 없는 상황까지 몰리지만, 테스를 차지하려던 알렉의
계획은 결국 실패한다. 하디는 이러한 상황을 보여주면서 테
레사 더비필드라는 균형이 잘 잡힌 인물의 당당한 그림을 그
리고 있다.

○ 엔젤 클레어

클레어 목사의 세 아들 가운데 막내. 아버지나 두 형처
럼 성직자가 되기를 바라는 가족의 소망을 저버리고 영농을
생업으로 삼고자 한다. 그의 배움은 학교 공부와 경험에서 얻
은 것이다. 대학 교육을 받은 형들과는 달리, 그는 종교의 본
질에 더 충실하게 살아가려고 한다. 농사일은 그를 시골에서

살아가는 보통 사람처럼 만들어준다. 따라서 농사꾼을 '시골 뜨기'로 깔보고, 신문에서 '가련한 멍청이' 정도로 그리는 통념도 받아들이지 않는다. 농장 실습을 위해 톨보세이즈 낙농장을 찾은 그는 젖 짜는 얌전한 처녀 테스를 사랑하게 된다.

엔젤은 이 소설의 초반에 나오는 5월제 무도회에서 말롯 마을 처녀들과 춤을 추다가 사라지는 이름 없는 젊은이로 등장한다. 그리고 톨보세이즈 농장에 다시 나타날 때, 그의 나이는 스물여섯 살이고 테스는 스무 살이다.

엔젤은 근본적으로 착한 사람이다. 두 사람의 관계는 그가 테스에게 부족한 교육을 보충하기 위해 역사나 아니면 그녀가 선택하는 과목을 가르쳐주겠다고 제의하면서 시작된다. 그는 정중하게 거절당하지만 그녀를 사랑하지 않을 수 없다. 농장의 네 처녀가 폭우로 불어난 개울을 건너지 못하고 있자, 그가 한 사람씩 안아 건네줄 때, 그의 점잖은 태도가 드러난다. 네 처녀에게는 좋아하는 엔젤 클레어와 더 가까워지는 절호의 기회가 된다. 그는 나중에 자기 농장에서 일을 도와줄 착하고 부지런한 여자를 진지하게 찾고 있다. 자기와 함께 같은 시간에 같은 일을 기꺼이 할 수 있는 아내를 원하는 것이다. 테스는 그에게 들어맞는 배필이지만 그의 가족은 이미 훌륭한 숙녀인 머시 챈트를 신부감으로 정해 놓은 상태다. 농장에서는 멋쟁이 숙녀가 필요 없기 때문에 부모의 선택은 실망스러울 뿐이다. 따라서 엔젤은 가족에게 인사를 시키기도 전에 테스를 결혼 상대자로 선택한다.

　오래된 명문가를 싫어하는 엔젤은 그런 견해를 남들에게도 털어놓곤 한다. 이런 말을 전해 들은 테스는 엔젤이 만약 자기 집안 혈통을 알게 되면, 둘의 관계가 끝장날지도 모른다고 염려한다. 그러나 엔젤은 테스의 가문에 대해 알고서도 크게 문제 삼지 않는다. 그보다는 사랑과 결혼에 관한 자기의 견해를 더 중시하는 것 같다. 엔젤은 그냥 내버려두라는 테스의 요청을 들어주고, 그녀를 흔들리게 만들 아무런 제안도 하지 않은 채 거리를 두고 지켜보기만 한다. 여러 장(章)이 지날 때까지 기다리던 그는 어느 날 사랑을 고백하고는 대답을 기다린다. 그리고 테스에게 그녀와 결혼할 생각을 가지고 있음을 확신시키고, 결혼에 이른다. 그러나 그의 사랑은 너무나 이상적이다. 헤어져 살면서 나중에 자신의 성급함과 즉흥적인 판단을 후회하며 테스에게 그것을 보상해 주려고 애쓴다.

　테스처럼 엔젤도 과거가 있다. 엔젤의 고백을 들은 테스는 선선히 용서해 준다. 그러나 엔젤은 자신의 방종한 과거는 망각한 듯, 테스의 과거를 용서하지 못한다. 여기서 우리는 엔젤의 성격상의 결점, 즉 완고함을 엿볼 수 있다. 그는 테스를 아내로 받아들이지 않고 브라질로 훌쩍 떠나버린다.

　엔젤의 삶은 성급한 결정으로 특징지어진다. 그는 이성적으로 보이지만, 합리적인 사고가 아니라 순간적인 충동으로 결정을 내리는 것 같다. 테스에 대한 사랑 고백, 브라질 행, 이즈에게 던진 동행 제안 등이 그의 성급함을 입증한다. 시간이 지나면서 자신의 방식이 잘못되었다는 생각과 함께 성급한 판단에 대한 후회가 그를 짓누르기 시작한다. 나중에 테스를 만난 그는, "멀리 떠나버렸던 나를 용서할 수 있겠소?"라며 용서를 구한다. 그는 알렉을 살해한 테스를 보호해 주기로 하고, 테스가 처형된 뒤에는 리자 루와 결혼하겠다는 약속을 지킴으로써 독자들에게 호감을 주는 인물이 된다.

하디는 엔젤의 입을 빌려 '형식적인 교리와 전통을 이성과 양립할 수 없는 것으로 거부하는' 종교적 자유사상가들의 견해와 불가지론을 말하고 있다. 그 운동은 종교와는 교류하되 교회 자체와의 형식적인 유대는 원하지 않는다. 엔젤은 자연신론자로 볼 수 있다. 즉, 그는 신을 하나의 창조적이고 살아 있는 존재로 보지만, 공식적인 종교는 거부한다. "엔젤은 화창한 여름날에는 교회의 설교보다는 돌들의 설교를 더 좋아했다"는 말에서 그것을 알 수 있다. 그는 테스의 종교적인 견해가 아니라 농부의 훌륭한 아내가 될 수 있는 자질 때문에 그녀를 선택한다. 하디는 "엔젤은 여자를 선택하는 데 정통파라는 것을 조건으로 내세우지는 않을 것이다"라고 말했다. 단지 그는 부모에게 테스 이야기를 하면서 훌륭한 기독교도라는 점을 분명히 하고 있다. 하디는 이렇게 쓰고 있다.

엔젤은 테스와 다른 젖 짜는 여자들의 예배를 관찰하면 근본적으로 자연주의적인 그들 신앙 한가운데 자리 잡은 명백한 비현실성 때문에 그가 가볍게 보아왔던 사랑하는 테스의 약간 무의식적인 정통주의에 대해 몹시 진지해졌다.

부모와의 마지막 난관을 돌파하고 톨보세이즈로 돌아온 엔젤은 테스를 설득해 결혼한다. 엔젤은 하디가 지지하는 종교의 실용적이고 현실적인 측면을 대변한다.

○ 알렉 스토크-더버빌

실제로 알렉은 더버빌 가문 사람이 아니다. 영국 북부 지방에서 재산을 모은 아버지가 남부 지방으로 이사와 정착하면서 남부의 역사적 연관성과 결부짓기 위해 그곳의 옛 집안인 더버빌이라는 성을 따서 쓴 것이다.

알렉은 세련된 말솜씨와 재력을 앞세워 테스에게 구애한다. 처음부터 속셈은 분명하다. 욕정을 채우려는 것이다. 테스를 유혹한 뒤 사랑에 빠진 그는 그녀를 자기 것으로 만들 계획을 세운다.

처음에 알렉은 테스에게 호의적으로 대하면서 두 번째로 슬로프 장을 방문하도록 유도한다. 테스가 애완용 닭들의 관리자로 슬로프에 올 때, 알렉은 겁을 주는 술책을 이용하여 자기에게 도움을 청하게 만든다. 트랜트리지까지 그녀를 태우고 마차를 난폭하게 몰아가는 것도 테스에게 자기 힘을 확신시키기 위해 무슨 수단이든지 사용할 수 있음을 암시한다.

테스가 처음 방문했을 때 알렉이 딸기를 먹여주는 선정적인 장면(5장)도 암시적이다. 이런 대목은 빅토리아 시대 사람들의 눈살을 찌푸리게 했을 것이다. 하디는 독자의 반응을 자극하기 위해 이런 장면을 소설 초반에 삽입한 것으로 보인다. 제1부에서 욕정, 섹스, 성적인 유혹 등이 나오는데, 당시로서는 일상적인 주제가 아니다.

테스는 알렉의 적수가 되지 못한다. 순진하고 경험이 없는 테스에 비해 그는 닳아빠진 인간이다. 테스는 가족 부양이란 무거운 책임을 지고 있지만, 그는 자신 이외에는 어느 누구에게도 의무감을 느끼지 않는다. 알렉은 그녀를 지치고 나약하게 만들어 유린하려고 한다. 그러나 테스는 줄곧 그의 접근을 물리친다. 그러나 다른 트랜트리지 여자 일꾼들과 싸움을 하게 된 테스를 알렉이 구출해 주면서(10장), 테스의 운명이 결정된다. 테스를 정복할 기회라고 생각한 그는 말을 타고 숲 속을 달리다가 의도적으로 안개 속에서 길을 잃는다. 방향을 확인하러 갔다가 돌아온 그는 숲 속에서 잠이 든 테스를 강간한다.

알렉은 12장과 43장 사이에는 등장하지 않음에도 불구하고 그의 그림자는 길게 드리워져 있다. 첫째, 앞서 그가 했던 행동(특히 강간)은 그 뒤에 일어나는 모든 일에 영향을 준다. 그러나 그 영향은 단순히 테스의 현재 상황에 작용하는 부분에 대한 독자들의 이해에 국한되지 않는다. 하디는 클레어 목사를 통해 알렉을 다시 이야기 속으로 끌어들인다. 클레어 목사가 아들에게 알렉이 마음을 잡고 거리 전도사가 되었다는 얘기를 해주고 엔젤이 다시 그 이야기를 테스에게 전하는 것이다. 알렉은 44장에서 다시 등장한다.

알렉은 사이비 회개자다. 그는 테스를 다시 만나자마자, 새로 발견하게 되었다는 신앙심을 헌신짝처럼 던져버린다. 그는 테스가 자기를 성직에서 벗어나도록 유혹하고 있다는 궤변을 늘어놓는다. "하지만 당신은 소위 나를 타락시키는 매개체—죄 없는 매개체라오." 테스를 향한 욕정을 억제할 수 없게 된 그는 그녀를 '요부'라고 부른다. 하디는 그 모습을 "그의 개심 이후에 얼굴 주름살 가운데 생기 없이 놓여 있던 해묵은 변덕스러운 욕정의 사체들이 다시 깨어나서 부활해 모이는 것 같았다"고 묘사하고 있다. 알렉은 테스가 그의 곤경에 약간 죄의식을 느끼는 상황을 이용하여 '손 안의 십자가'란 곳에서 자기를 유혹하지 않겠다는 서약을 받는다. 그 장면은 종교적인 귀의가 아니라 악마 쪽으로의 귀의를 가리키는 것 같다. '손 안의 십자가'는 선이 아니고 악의 상징이다. 나중에 테스는 그것이 불길한 조짐이란 경고를 받는다.

알렉은 테스에게 엔젤이 돌아오지 않을 것이라며 집요하게 유혹한다. 마침내 50장에서 테스의 가족을 도와주고 테스를 차지한 그는 진실을 알게 된 테스의 칼에 목숨을 잃는다.

마무리 노트

하디의 종교관

〈테스〉에서 우리는 하디의 종교관을 엿볼 수 있다. 그는 이 작품에 나오는 인물들을 통해 빅토리아 시대의 독자들을 당혹케 하는 종교적인 견해를 말하고 있다. 그는 불가지론자이지만, 정서적으로는 종교에 많은 관심을 가지고 있었다. 이 소설에서 하디가 제기하는 중요한 논제는 교회의 독선이나 신앙 문제에 관한 것이다.

하디는 한때 목사가 되고 싶어했으나, 대학에 갈 경제적 여유가 없어지자 그 생각을 접었다. 하디 비평가인 로버트 쉬와이크는 개인적인 수준에서 종교에 관심을 갖게 되었고, 특히 유아 세례라는 주제가 많은 영향을 미쳤다고 말한다. 그는 세례를 주는 것이 가족들로 하여금 아기가 구원받았다는 편안한 마음을 갖게 한다면, 아기에게 세례를 해주는 것이 해로울 것 없다고 생각하는 듯하다. 이런 입장은 테스가 죽어가는 아기 소로에게 세례를 주는 장면(14장)에서 명백해진다.

그녀는 자신이 세례를 주는 것이 교회에서 행하는 세례와 똑같다는 것을 알게 된다. 그러나 정식 기독교 식의 매장 문제가 제기되자, 시골 교구목사는 "아아, 그건 딴 문제지요"라며 발뺌한다. 하디는 진실로 자비로운 견지에서 볼 때, 테스에게 소로를 기독교도답게 제대로 매장하도록 허락해야 할 것이라고 주장한다. 세례를 받지 못한 아기들, 술주정뱅이들, 자살자들, 저주받을 자들이 묻힌 구석진 묘역으로 쫓겨나서는 안 된다는 것이다. 소로의 매장은 낮이 아니라 밤의 어둠을 틈타 이뤄진다. 테스를 보호하고, 교회 신도들의 비난으로부터 그녀를 지켜주기 위해서다. 하디의 관점은 소로의 매장이 다른 사람의 매장과 같은 대우를 받았어야 한다는 것이다. 그는 소로가 정당한 방식으로 세례를 받았으나 온당한 기독교 식 매장을 허락받지 못한 것은 교회가 지나치게 엄격하기 때문이라고 주장하는 것 같다.

이 소설에서는 작은 시골 지역에 공존하는 이교와 기독교 의식의 자리매김도 흥미로운 읽을거리다. 시간이 지남에 따라 일부 이교도들의 의식은 희미하게 사라지면서 기독교 의식 속에 동화되고 있었다. 예를 들어, 1장의 5월제 무도회는 예전에 겨울의 끝과 여름의 시작을 축하하는 의식이었다. 이 지방의 드루이드 교도와 일부 이교도들은 아직도 그 날을 다양한 의식으로 기념하고 있다. 테스는 말 그대로 사회의 안녕을 위해 희생되기 전, 태양 숭배와 인간을 제물로 바치는 데 쓰였던 거석들로 된 신전인 스톤헨지에서 이렇게 말한다. "…그리고 톨보세이즈에서 당신이 늘 저보고 이교도라고 했지요. 그러니까 저는 이제 제 고장에 돌아온 셈이네요." 여기서 하디는 작품을 마무리 짓기 위해 19세기 작가들처럼, 성경이나 근대의 명작이 아닌, 고대 그리스 비극 작가 아이스킬루스를 불러내어 그리스 비극을 상기하고 있다.

하디는 종교가 현대 사회와 맞지 않는 독선에 사로잡혀 사람들을 포기해 버리고 있는 게 아닌가 하는 생각을 하는 것 같다. 〈테스〉에서 하디가 묘사하는 전통적인 종교인들의 모습은 거의 예외 없이 각별한 호감을 주지 못하고 있다. 엔젤의 형들인 펠릭스와 커스버트의 언행을 생각해 보자. 두 사람은 자신들의 일에 몰두하고 있으며, 시대의 변화에 맞추기 위해 신념과 가치관을 바꿔가고 있다. 두 형제는 열정이 없는 성직자로서 아마도 말롯의 교구목사와 같은 부류의 종교인이라고 할 수 있다.

하디가 말한 대로 종교가 피상적이라고 한다면, 벽이나 층계, 문짝 등에 페인트로 성경의 무시무시한 경구를 쓰고 다니는 간판장이는 최악의 피상적인 모습을 보여준다고 할 수 있다. 그는 시골을 돌아다니며 성경에서 찾아낸 간단한 경구를 적어놓는다. 테스가 '스스로 원해서 지은 죄가 아니라도' 하느님의 징벌을 받아야 하느냐고 묻자, 그는 "난 그런 심각한 문제를 꼼꼼히 따질 수는 없어요"라고 대꾸한다. 본질적으로 그 질문에 논리적인 답변을 생각해낼 만큼 교육을 받지 못한 그의 종교적 시야는 제한되어 있는 것이다. 하디는 자기가 알고 있는 일반인들 사이에서도 이런 모습을 보았고, 그들의 종교적 믿음이 너무 피상적이어서 자기들이 읽은 구절의 깊은 뜻을 이해하지 못했다고 생각하기는 싫었다. 그 간판장이는 가장 무시무시한 경구는 빈민굴이나 항구 같은 곳에서 쓰려고 남겨두고 있다. 사람들에게 겁을 주어 성경에 의지하게 만든 다는 것이다. 그러나 이런 메시지는 성경 말씀의 더 깊은 뜻을 놓치고 있는 듯이 보인다. 그런데 테스는 다른 사람들이 믿는 피상적인 뜻이 아닌 진정한 의미를 이해하고 있는 것 같다. 알렉은 가장 나쁜 부류의 사이비 개심자다. 그는 과거의 생활방식을 청산했다고 주장하다가도 가장 미미한 유혹의 암시에 다시 죄인이 되는 그런 사람이다. 간판장이가 써놓은 경구와 알렉의 개심은 모두 덧없이 사라지는 신앙심을 지적하고 있다.

그러나 모든 성직자가 종교를 제대로 대변하지 못하는 것은 아니고, 모든 신앙인이 사이비는 아니다. 예를 들어, 테스는 복잡하지 않은 신앙심을 가졌고, 그녀가 받은 교육이 허용하는 것보다 더 순수하고 깊게 종교를 이해하고 있다. 그녀는 소로를 세례해 줄 때, 어떤 목사 못지않은 권위를 보여준다. 그러나 경찰과 맞닥뜨리자, 죄의 대가를 치러야 한다고 깨달았을 때는 아주 현실적이다. 엔젤의 아버지 클레어 목사도 선한 마음가짐과 훌륭한 교훈을 주는 좋은 사람이다. 그는 자기가 설교한 대로 실천하는 복음주의 운동의 일원이다. 그는 구원은 은혜와 믿음을 통해, 지적인 감응보다는 정서적인 감응을 통해서 온다고 믿는 사도 바울주의자로 그려지고 있다. 따라서 우리는 두 개의 분리된 시각으로 하디를 보게 된다. 신앙인의 지식을 성서적인 암시로 이용하지만 국외자의 회의적 태도를 가진 사람인 것이다.

하디의 비교

하디는 등장인물과 주제를 끌어내기 위해 수많은 비교를 이용한다. 가장 눈에 띄는 비교 상대는 엔젤과 알렉이다. 테스에 대한 이상적인 사랑을 대표하는 엔젤과 테스의 성적(性的) 소유를 대표하는 알렉은 대조적이다. 두 인물은 어느 쪽도 선악(善惡)의 완전한 화신(化身)이 아니기 때문에 하디는 그들이 테스와 상호작용을 할 때, 열정과 냉담 양쪽을 드러내도록 만든다. 엔젤은 테스를 열정적으로 사랑하지만 과거를 알고는 냉담하게 물리친다. 알렉은 처음 테스를 자신의 소유물로 취급하면서 냉정하게 대하는데, 이것은 그가 속한 계급 사람들의 일반적인 태도다. 하지만 나중에는 그녀 없이는 살 수 없다고 판단한다.

하디의 〈테스〉는 나란히 놓인 비교들로 가득 차 있다. 피터 J. 캐서그랜디는 저서 〈더버빌 가의 테스: 비정통적인 미인 *Tess of the d'Urbervilles: Unorthodox Beauty*〉에서 'beautiful'과 'ugly'의 합성어인 '뷰글리 beaugly'라는 신어를 만들어냈다. 그는 이 소설이 가난함/부유함, 선/악, 엔젤/형들, 테스/동생들, 상류계급/하층계급 따위의 비교로 가득하다고 지적한다. 책의 제목 〈비정통적인 미인〉은 테스 이전이나 이후의 다른 소설들이 평가받은 표준에 따르지 않는 미인을 시사한다. 하디는 자기 철학의 이론적인 근거로 이렇게 말한다.

"시인이나 소설가가 할 일은 가장 위대한 것들 밑에 놓인 가장 비참한 것과 가장 비참한 것 밑에 깔린 위대함을 보여주는 것이다." 또 다른 하디 평론가 린다 샤이어스는 하디의 등장인물이 '틀에 박힌 양식을 과감히 벗어나고 있다'고 관찰한다.

가난한 자들과 부유한 자들의 대비는 현대 독자들의 눈을 벗어날 수 없다. 알렉의 외견상 무한한 부(富)는 더비필드 가족의 처참한 가난과 대조적이다. 하디는 '가진 자들'과 '갖지 못한 자들'의 차이를 보여주기 위해 이 같은 병치(竝置)를 이용하고 있다. 하디는 알렉과 그의 계급에 속한 자들이 테스가 속한 부류를 유린하는 것과 똑같이 옛 더버빌 집안 사람들이 당시의 가난한 사람들을 유린했을 것이라고 지적한다. "분명히 테스 더버빌의 몇 대조 조상인지가 갑옷 차림으로 싸움터에서 의기양양하게 돌아오다가 시골 처녀에게 덤벼들어 이보다 더 몹쓸 짓을 저질렀을 것이다." 그러나 하디는 과거나 현재의 죄를 용서하지 않는다. "아버지의 죄를 자식에게 씌우는 것은 신들에게는 효험이 있는 도덕률일지 모르지만 보통 인간들에게는 비난받을 일이고, 문제를 바로잡지도 못한다." 따라서 알렉의 비행을 용서하지는 않지만, 그의 행동을 그 계급에 속하는 사람들의 관행으로 이해하려는 모습도 약간 보여준다.

또한 하디는 선과 악을 이해하려고 시도한다. 말롯에 사는 가난한 사람들은 '어쩔 수 없는 일'이라는 말로 상징되는 숙명론적인 태도를 취하고 있다. 테스는 자신을 공정하지 않게 다루는 힘들 사이의 대비에 대해 의문을 던진다. "이런 건 배워도 괜찮을 것 같아요 — 왜 해는 악인과 선인에게 다 같이 비춰주는가?" 이 같은 의문은, 세상에는 왜 선과 악이 있는가? 라는 의문과 함께 인류의 역사가 시작된 이래로 인간을 당혹케 해왔다. 여기서 하디는 선악에 대한 고대 그리스인들의 견해를 불러오고, 무엇이 인간에게 악행이나 선행의 동기를 제공하는지 이해하기 위한 노력으로 토라(유대교 율법)와 구약 성경, 신약 성경, 그리고 〈실낙원 *Paradise Lost*〉에서 발견한 밀턴의 견해도 빌려오고 있다.

또 다른 대비는 더비필드와 클레어 가족 자체에서 볼 수 있다. 더비필드 집안은 비록 가난하지만, 가족을 결속시켜 주는 친밀함을 가지고 있다. 테스의 발목을 잡는 것은 동생들과 그들의 행복이다. 실제로 알렉은 마치 성경과 〈실낙원〉의 사탄처럼 테스를 유혹하기 위해 계략을 쓴다. 하디는 테스의 동생들을 "의지가지없는 여섯 생명들, 그들은 어떠한 환경 속에서 살아가기를 원하는지 질문을 받아본 적이 전혀 없었고, 더더군다나 변변치 못한 더비필드 집안의 일원이 되는 역경 속에서 살아가기를 원하느냐는 질문 역시 받아본 적이 없었다"고 서술하고 있다. 반면에 엔젤과 그의 형들은 테스의 동생들이 가진 것 같은 친밀함이 없다. 반면, 엔젤과 형들은 어려운 상황에 처한 다른 사람은 말할 것 없고, 그들 간에도 도와주지 않을 그런 관계다.

하디는 톨보세이즈와 플린트콤-애시의 생활방식도 비교하고 있다. 톨보세이즈 지역은 푸른 골짜기들과 풍요로운 삶이 있는 곳이라고 극찬한다. "이 이름난 낙농장의 땅과 젖소들에게 자양분을 주는 강물은 블랙무어의 시내들과는 흐름이 달랐다… 프룸 강물은 복음서를 지은 요한이 본 순결한 '생명의 강'처럼 맑았다…" 반면에 플린트콤-애시는 매우 황량한 곳이다. 톨보세이즈 시절의 테스 친구 마리언은 그곳 농장을 '굶어 죽기 알맞은 곳'이라고 말한다. 하디는 두 곳의 농장 주들도 대비시킨다. 플린트콤에는 일꾼들에게 점점 더 힘드는 일을 강요하는 천박한 농부 그로비가 있다. 톨보세이즈 낙농장의 크릭 씨는 일꾼들에게 동기를 불어넣기 위해 유머를 이용하고 점잖은 행동을 한다.

이런 대비는 테스가 만나게 되는 사람들의 성격과 장소, 그리고 상황을 알려주는 데 도움을 준다. 그리고 하디에게는 선하고 악한 사람들이 어떻게 상호작용을 하면서, 서로에게 좋거나 나쁜 영향을 주는지를 언급할 수 있게 해준다.

하디와 소설의 배경

흔히 우리는 소설의 무대를 그 작품의 작은 부분으로 보게 된다. 그러나 〈테스〉에서는 자연이 주요 등장인물에 버

금간다. 따라서 독자는 하디가 이 작품에서 배경과 환경을 어떻게 이용하는지 자세히 관찰할 필요가 있다. 〈테스〉는 웨섹스 지방에서 시작된다. 영국 남부의 도싯 카운티와 가까운 햄프셔, 월트셔, 서머셋, 데븐을 둘러싼 지역이다. 그러나 특히 이 소설에서는 더 넓은 지역으로 확대되고, 자연은 배경의 일부로서 소설을 이해하는 데 필수적인 요소가 된다. 게다가 시골과 그 지역에 거주하는 사람들은 단순한 배경 이상의 의미를 제공한다. 그리고 그들은 실제로 이 소설의 이름 없는 등장인물이라고 할 수도 있다.

〈테스〉에서는 등장인물들과 무대가 서로의 거울이 된다. 테스는 말롯을 둘러싼 아름다운 지역에서 시작되는 세계로부터 점차 다른 곳으로 옮겨간다. 그녀는 먼저 슬로프 장으로 간다. 그곳 환경은 멋지고 잘 정돈되어 있다. 그러나 그녀가 고색창연한 저택으로 생각했던 그곳은 새로 지은 집이다. 테스가 가장 큰 행복을 맛본 톨보세이즈의 배경은 풍요롭고 초록이 우거진 비옥한 지역이다. 반면, 플린트콤-애시는 메마른 지역으로 험한 노동과 황량한 테스의 삶을 반영한다. 이야기는 수수께끼 같은 스톤헨지 지역에서 막을 내린다.

그의 웨섹스 소설(〈테스〉, 〈캐스터브리지의 시장〉, 〈광란의 무리를 떠나서〉, 〈비천한 주드〉)에서 하디는 1800년대 말 영국 남부 지방의 삶의 역사가 되는 사람들의 생활양식, 언어형태, 사고방식을 기록하고 있다. 크래이머의 〈토마스 하디의 캠브리지 친구 *The Cambridge Companion to Thomas Hardy*〉에서 사이먼 가트렐이 지적했듯이 "그는 자신을 지금은 흘러간 웨섹스의 역사가이며, 전반적인 문화를 형성하는 일련의 독특한 미세 환경, 생활방식, 언어습관의 기록자라고 이해하기 시작했다." 이런 요소가 웨섹스의 생활에 대한 하디의 기록을 영구적인 것으로 만들어주고, 동시에 우리는 수백 년 전, 어쩌면 고대로까지 되돌아가는 삶의 형태를 보게 된다. 그러므로 이 소설은 비록 특정한 시대의 틀 안에 들어 있지만, 시간을 초월하는 공기와 같은 특징을 가지고 있다.

이 소설에 등장하는 톨보세이즈와 플린트콤-애시는 최상과 최악의 농장 생활을 대표한다. 농장은 테스가 아는 유일한 세계다. 그녀는 태어난 곳에서 80킬로 이상을 벗어나지 못한다. 무대가 시골인 이 작품에서 우리는 19세기 농장 일에 대한 하디의 상세하고도 해박한 지식을 알 수 있다.

기계는 거의 없으며 주요 운송 수단은 말이나 마차다. 수레를 끄는 동물은 생존과 번영에 절대 필요한 수단이다. 우리는 프린스의 죽음과 그것이 더비필드 가족에게 끼치는 영향에서 그 증거를 본다. 새로 산 말은 가족의 생계에 매우 중요하다. 프린스의 죽음에 뒤이어 테스가 슬로프 장으로 가는 등, 일련의 사건은 말 한 필이 갖는 경제적 의미가 토대를 이루고 있다. 이 소설에서 현대식 기계가 나오는 경우는 단 두 번밖에 없다. 톨보세이즈의 우유를 런던으로 운반하는 기차와 플린트콤-애시 농장의 탈곡기가 그것이다. 그 밖의 현대식 영농 기계는 아직 웨섹스 지방에서 그다지 중요한 요소가 되지 못하고 있다.

플린트콤-애시의 탈곡기는 연료를 넣고 건사해야 하는 괴물 같은 물건이다. 우리는 47장에서 '바로 이것이 이 조그만 세계의 원동력 노릇을 할 발동기'이고 '이것이 바로 기관사'라며 그 증거를 보게 된다. 이 기계는 무한한 힘을 가진 존재로서 그 수요가 넘쳐 언제나 이 농장 저 농장으로 불려 다닌다. 기계가 전력으로 돌아가면, 일꾼들은 정체성을 잃어버리고 말을 주고받을 수 없어진다. 통제하기 어려운 것 같은 이 기계와 톨보세이즈 농장의 목가적인 작업을 대조해 보자. 톨보세이즈에는 현대적인 기계가 없다는 말이 아니다. 버터를 만들기 위해 우유를 젓는 교유기가 있지만 사람의 손과 말의 힘을 동력으로 움직이기 때문에 증기 탈곡기와는 전혀 다르다.

두 농장의 배경도 대조적이다. 톨보세이즈는 영국 남부의 비옥하고 아름다운 곡창지대로 묘사되어, 우유를 짜고 버터와 치즈를 만드는 이곳 생활에 매력을 느끼지 않을 수 없다. 게다가 이곳에서 일하는 동안에는 테스에게 긍정적인 일만 일어났다. 반면, 플린트콤-애시는 진흙과 바위들과 열악한 환경에 둘러싸여 '굶어 죽기 알맞은 곳'이다. 그들이 경작하는 것이라곤 옥수수와 순무뿐이다. 알렉이 나타나서 테스에게 다시 구애하기 시작하는가 하면, 농장주 그로비가 일꾼들을 대하는 태도는 크릭처럼 따사롭지 않다.

　　전반적으로 볼 때, 말롯, 에민스터, 트랜트리지 같은 곳은 방문자나 마을 사람들이 삶을 꾸려나갈 수 있는 조그만 마을이다. 그리고 이 소설에 나오는 농장이나 농장 지대는 막 시작된 산업혁명이 미처 밀려오지 못한 19세기 농촌의 중요한 부분을 보여주고 있다. 하디는 그 골격 위에서 걸작 하나를 쓰고 있다.

이 부분은 원작에 대한 이해력을 테스트하는 난입니다. 다음의 세 가지 코너를 차례로 끝내면, 〈테스〉에 대한 포괄적이고 의미 있는 파악이 가능해질 것입니다.

A   다음 질문에 알맞은 답을 고르거나 써넣으시오.

1. 테스와 엔젤의 짐을 웰브리지에 있는 방앗간으로 가져다준 낙농장 인부의 이름은?

    a. 조너선 카일   b. 농장주 크릭   c. 제임스 배질

2. 톨보세이즈 낙농장을 소유하고 운영하는 사람은 누구인가?

    a. 크린크 씨   b. 크릭 씨   c. 크스먼 씨

3. 나중에 엔젤과 결혼하는 테스의 여동생은 누구인가?

    a. 리사 리사   b. 리사 마리   c. 리자 루

4. 슬로프 장은 어느 도시 근처에 있는가?

    a. 플린트콤-애시   b. 에민스터   c. 트랜트리지

5. 클레어 집안은 어디에 사는가?

    a. 플린트콤-애시   b. 에민스터   c. 블랙무어

6. 더비필드 집안은 어디 사는가?

   a. 스타우어캐슬   b. 말롯   c. 샌드번

7. 엔젤과 테스의 결혼식 날은?

   a. 12월 24일   b. 12월 30일   c. 12월 31일

8. 엔젤의 형들 이름은 ＿＿＿＿＿＿＿＿＿＿＿＿＿＿.

9. 톨보세이즈는 어느 강 유역에 자리 잡고 있는가?

＿＿＿＿＿＿＿＿＿＿＿＿＿＿＿＿＿＿＿＿＿＿＿＿＿＿

10. 톨보세이즈에서 온 이즈 휴잇의 남자 친구는 누구인가?

   a. 앰블리 세더   b. 아론 보드로   c. 앰비 시들링

11. 더비필드 가족이 살던 집에서 쫓겨난 뒤 간 곳은 어디인가?

＿＿＿＿＿＿＿＿＿＿＿＿＿＿＿＿＿＿＿＿＿＿＿＿＿＿

12. 플린트콤–애시의 농장주는 누구인가?

   a. 농부 구스   b. 농부 시보도   c. 농부 그로비

모범답안: 1. a 2. b 3. c 4. c 5. b 6. b 7. c 8. 펠릭스와 커스버트
9. 프롬 강 10. c 11. 킹스비어 12. c

B   원작에서 다음 인용문을 찾아, 그 장면에 대해 설명하시오.

1. 테스, 그 앵두 같은 입술이나 아니면 붉은 볼에라도 잠깐 입 맞추게
    해주면, 그만두지, 맹세코 그만둘게!

2. 일격을 가해야 할 사람은 피해를 입은 나의 남편, 바로 당신이에요.

3. 세상에는 이렇게 순박하고, 붉은 입술에 몸집이 통통한 농촌 여자보
    다 더 못한 아내들이 많지. 확실히 그런 생각을 했을 수도 있었을 텐
    데―내 아들이 농장 경영자가 되는 것이 소원이니까 아마 아내는
    들일에 익숙한 여자라야 할 거라고 말이다.

4. 그래, 좋을 대로 하라구. 하지만 누가 여기 주인인지 두고보자구.

5. 아유, 이 바보야, 어리석은 것 같으니라구!

6. 얘야, 넌 이젠 농사를 짓는 일밖엔 다른 도리가 없을 것 같구나.

7. 집에 오래된 은제 스푼하고 옛날 도장 하나가 남아 있는뎁쇼, 목사님.
    허나 그까짓 스푼이네 도장이네가 다 뭡니까?

8. 난 당신을 버리지 않겠소! 당신이 무슨 짓을 했든 안 했든 힘 자라는
    데까지 보호하겠소!

9. 그는 자기가 이 세상에서 가장 큰 죄인이라고 말했다.

10. 난 몇 해 동안 입에도 대보지 않았으니까. 그건 지긋지긋해. 뱃속에
    들어가면 납덩이처럼 안 삭거든. 어디 저 소를 한 번 짜보구려.

모범답안: 1. 8장에서 알렉이 테스에게 키스를 허락받으려고 하면서. 2. 36장에서 테스가 엔젤에게 결혼과 고통을 끝내기 위해 자기를 죽여 달라며. 3. 39장에서 에민스터의 부모 십블 찾은 엔젤이 테스에 관해 설명하자 클레어 부인이 허락하면서. 4. 43장에서 농부 그로비가 테스에게 자기의 가혹한 성격을 알리면서. 5. 38장에서 테스가 남편에게 과거를 고백했다는 말을 듣고 조운 더비필드가 테스에게. 6. 25장에서 동생이 농사를 생업으로 택했다는 말을 듣고 펠릭스 클레어가 엔젤에게. 7. 1장에서 조상의 혈통에 관해 이야기를 들은 존 더비필드가 트링엄 목사에게. 8. 57장에서 알렉을 죽였다는 테스의 이야기를 듣고 엔젤이 테스에게. 9. 44장에서 알렉의 개심에 관해 내레이터가 독자들에게. 10. 17장에서 테스가 처음 톨보세이즈에 왔을 때, 낙농장 주인 크릭이 테스에게.

C **다음 질문에 대해 간단히 서술하시오.**

1. 더버빌 집안 마차에 대한 전설의 중요성은 무엇인가?

2. 톨보세이즈 낙농장과 플린트콤-애시 농장 사이의 차이점을 서술하라.

3. 엔젤 클레어와 알렉 더버빌에게서 발견되는 성격적 차이를 서술하라.

4. 이 소설은 19세기 말경 영국 사회의 계급 체제를 어떻게 고발하고 있는가?

5. 이 소설에서 자연과 운명은 어떤 역할을 하고 있는가?

6. 더비필드 가와 더버빌 가 사이에 근본적으로 대비되는 점은 무엇인가?

7. 엔젤과 아버지 클레어 목사, 그리고 엔젤과 두 형의 관계를 기술하라.

8. 이 소설은 어떻게 시작되는가? 하디는 이 책을 시작하기 위해 자연적 또는 가공의 장치들을 이용하고 있는가

一以貫之

논술노트

- 고백의 대가(代價)

- 실전 연습문제

一以貫之는 '논어'에 나오는 말로 '모든 것을 하나의 이치로 꿴다'는 뜻입니다.

논술의 주제와 문제 유형, 제시문들은 참으로 다양하고 가지각색입니다. 그러나 그 모든 것을 하나로 꿸 수 있습니다. '인간사회의 보편적 문제들에 대한 근원적인 물음에 답하는 자기 나름의 견해'라는 것이지요. 논술은 인간이면 누구나 부닥치는 개인적 또는 사회적 문제들에 대한 자기 나름의 고민이자 성찰입니다. 논술은 자기견해, 자기 가치관, 자기 삶에 대한 솔직한 고백입니다.

一以貫之 논술연구모임은 '자신의 물음'과 '자신의 생각'을 갖고 '자신의 글'을 쓸 수 있도록 도와줍니다.

〈집필진〉
도승활, 우한기, 이호곤, 박규현, 김법성, 김재년, 김병학 , 백일, 우효기, 조형진

고백의 대가(代價)

들어가며

〈테스〉의 원제 *Tess of the d'Urbervilles*를 해석하면 '더버빌 가의 테스'가 된다. 〈테스〉의 전편에 흐르는 사실적인 스토리 구성이나 치밀한 심리묘사와는 걸맞지 않게 작품의 곳곳에는 괴기스럽거나 몽환적인 장면들이 자주 등장한다. 더버빌 가의 전설적인 살인 이야기가 그대로 테스의 운명으로 나타난 것이라든지, 엔젤이 몽유병 상태에서 테스를 안고 칠흑 같은 어둠 속을 수 마일 걸어가서 테스를 관 속에 넣는 장면 등이 그 대표적인 예라고 할 수 있다. 아무튼 이런 광기에 가까운 영국인들의 격렬함을 통해 그들의 피의 색깔을 추측해 본다면(이 작품뿐만 아니라 〈워더링 하이츠〉, 〈제인 에어〉 등에서도 그런 광기를 느껴본 독자라면 더욱 공감하겠지만) 아마도 선홍색과 검붉은색이 뒤섞여 있을 것 같다. 그러나 이 작품을 통해 느껴지는 것이 단순히 선홍색 격정과 검붉은 광기뿐은 아니다. 이 작품은 무언가를 향해 치닫는 극도의 진정성을 말하고 있으며, "그래 바로 이거야! 우리 자신이 바로 이런 거였어!"라고 외치게 만드는 무언가가 우리를 전율시킨다. 〈테스〉는 부제 '순결한 여인'에서도 볼 수 있듯이 여성을 하나의 독립된 인격체로 간주하지 않는 사회에서 겪는 여성의 고통과 곤경을 다루면서 당대의 성 이데올로기에 정면으로 도전하고 있다. 하디가 자신의 작품들이 모두 '인간이 인간에게, 또 인간이 여자와 하등 동물들에게 가한 잔학 행위에 대한 하나의 긴 항변'이라고 밝혔듯이 이 작품은 인간이 자신의 과거를 짊어지고 살아가는 한 여인에게 가한 잔인성에 대해 항변하고 있다. 그리고 그 잔인성은 글 속에서 여러 가지 양상으로 그려지고 있지만, 이하에서는 특히 사랑하는 남자에게 과거를 고백하는 것이 테스에게 얼마나 큰 잔인성으로 다가왔는지에 초점을 맞추고자 한다.

59장에 걸친 거대한 구성에 비하면 이 작품에 등장하는 인물들은 그다지 복잡한 편이 아니다. 테스와 그녀의 순결을 훔친 알렉 더버빌이란 악당, 그리고 테스와 서로 깊이 사랑하는 엔젤 정도가 주요 인물이다. 그 나머지는 가난한 테스의 가족, 목사 집안인 엔젤의 가족, 테스가 일하는 목장의 주변인물들이 가세하고 있을 뿐이다. 스토리의 구성상 한 가지 웃기는 건 등장인물들 대부분이 언젠가 만난 적이 있거나 또는 언젠가는 꼭 다시 만나게 된다는 식의 지나친 우연의 일치다. 하지만 하디의 출생연도(1840년)나 이 작품의 발표연도(1891년)를 감안하면 그 정도는 눈감아주어야 할 것 같다.

가장 기쁜 순간에 과거의 아픔은 가장 뼈저리게 다가온다

갓난애가 실컷 젖을 먹고 나자, 나이 어린 어머니는 아기를 무름 위에 바로 앉혔다. 그리고는 먼 곳을 바라보며 거의 증오에 가까운 침울하고 냉정한 표정으로 아기를 어르다가는 갑자기 견딜 수 없다는 듯이 수없이 아기에게 입을 맞추었다. 아기는 사랑과 미움이 뒤섞인 이 심한 입맞춤에 견디다 못해 울음을 터뜨렸다.

열아홉 살짜리 처녀의 비극은 순결을 잃는 것으로 끝나지 않았다. 알렉과의 사이에 아이가 생겨버린 것이다. 테스는 마을사람들 사이에서 경멸의 대상이 되었다. 이제는 아무도 만나고 싶지 않았고 어디론가 멀리 자신을 알아보지 못하는 곳으로 떠나고 싶었다. 그런데 그런 절망적인 감정이 극으로 치달은 것은 그런 일을 당한 직후가 아니었다. 희한하게도 그것은 오히려 한참 후에 자신이 진정으로 사랑하는 사람을 만나고 나서 암울했던 삶이 기대와 설레임으로 급변하는 바로 그 시점이었다. 자신의 슬픈 사건을 알고 있는 사람들의 눈을 피해 고향으로부터 40마일쯤 떨어진 어느 마을의 목장에서 젖짜는 일을 하면서 그녀는 새로운 생명을 얻은 사람처럼 얼굴에 활기가 넘치게 된다. 그토록 절실하고 그 무엇보다도 간절하게 기다렸던 무의식적인 기대가 엔젤이란 청년의 모습을 띠고 전혀 예상하지 못한 방법으로 다가온 것이다. 그러나 바로 그 순간, 세상의 빛을 보고 기쁨에 마음 설레던 바로 그 순간, 그녀의 어두운 과거는 오히려 이전보다 더욱 큰 고통으로 그녀를 억누르기 시작한다. 무엇 때문일까? 왜 암울한 과거는 자신과 상극이라고 할 수 있는 희망적인 기대의 순간에 더욱더 아프게 다가오는 것일까? 그녀는 마음속으로 외친다. 이 세상 그 누구에게라도 상관없다. 내 비밀을 그 누가 알든 난 상관하지 않을 수 있다. 하지만 엔젤에게만큼은 이 사실을 알리는 것이 죽기보다 싫고 그 어떤 상상보다도 두렵다. 제발 그에게만은 이 사실을 없었던 것으로 할 수 있다면, 그렇게만 할 수 있다면 그 나머지는 아무렇게나 되어도 좋겠다고.

"테스 솔직하게 말해 줘요. 다른 남자를 사랑하고 있소?" "왜 그런 말씀을 하세요?" 테스는 감정을 억누르면서 말했다. "그렇지 않을 거라고 대강은 짐작하고 있소. 그런데 어째서 날 거절하오?" "전 거절하지 않았어요. 오히려 당신한테서 듣고 싶어요. 당신이 저를 사랑한다는 말씀을 듣고 싶어요. 함께 걸을 때 언제든지 그렇게 말씀해 주세요. 조금도 언짢게 생각하진 않아요." "그렇지만 날 남편으로 삼을 수는 없단 말이죠?" "아이, 그건 문제가 다르지요. 엔젤, 사실은 당신을 위해서예요. 제 말을 믿어주세요. 오직 당신을 위하기 때문이에요. 당신의 아내가 되겠다고 약속해 놓고 저만 행복해질 수는 없어요. 왜냐하면, 왜냐하면, 전 분명히 그래서는 안 될 사람이기 때문이에요." "그렇지만 당신은 나를 행복하게 해줄 수 있을 거요!" "아, 그렇게 생각하시겠지만, 그건 모르시는 말씀이에요!" 테스의 갈등은 심했다. 그녀의 마음은 엔젤에게 쏠렸다. 말하자면 두 개의 불타는 마음이 조그맣고 가련한 하나의 양심과 싸우는 격이었다. 그래서 그녀는 최선을 다해 자기의 결심을 굳히려고 애썼다. 그녀가 이 톨보세이즈 목장으로 올 때에는 굳은 결심이 있었다. 어떤 일이 있어도 자기가 결혼한 후에 남편에게 가슴 아프게 뉘우칠 일을 저지르지는 않겠다는 결심이었다. 그래서 그녀는 마음이 조금도 흐리지 않았을 때 양심이 자기를 위해서 결정해 준 것을 지금에 와서 뒤집을 수는 없다고 생각했다. "어째서 내 사정을 그이한테 말해 주는 사람이 없단 말인가? 겨우 40마일밖에 떨어지지 않은 이곳인데, 왜 내 소문이 퍼지지 않았을까? 분명 알고 있는 사람이 있을 텐데!" 그녀는 혼자 중얼거렸다. 테스는 자기의 인생이 벅찬 즐거움과 뼈저린 고통의 두 가닥 실로 얽혔던 때를 일찍이 겪어본 적이 없었다.

너무나 오래된 비밀

세상에 비밀이 없는 사람이 있을까. 갓 태어난 아기가 아닌 이상 아마도 그런 사람은 없을 것이다. 흔히 비밀이라고 하면 누구나 그만하면 비밀이라고 인정할 수 있는 객관적인 내용이 있다고들 믿지만 사실 개개인에게 비밀이란 개별적인 주체들의 상황에 따라 그 내용이 달라지게 마련이다. 누군가에게는 아무렇지도 않은 일이 또 다른 누군가에게는 치명적인 상처가 되어 그를 짓누를 수도 있고, 어떤 사회에서는 아무렇지도 않게 통용되는 사실이 또 어떤 사회에서는 개인이 이겨내기 힘든 짐으로 다가오기도 하는 것이다. 아무튼 비밀의 내용이 어떤 것이라고 규정하기는 힘들지만 그것은 개인에게 짐이 되어 그를 억누르는 어떤 종류의 것이며 대부분 예상치 못한 삶의 경험을 통해 형성된다. 다른 누군가에게 알려지기가 두려운 어떤 것, 내 인격의 완결성에 대한 오점을 남기는 무엇, 알려지면 무지하게 창피하다고 생각되는 어떤 것, 내가 지나온 삶의 궤적에서 꼭 지워버리고 싶은 무엇, 이런 것들이 대체로 비밀이라고 할 수 있다. 그런데 비밀은 때때로 자신의 의지박약이나 어떤 문제를 정신적으로 극복해 나가는 능력의 한계를 보여주는 단면으로 여겨지기도 한다. 다른 사람들이 그 사실을 알더라도 별로 대수롭지 않게 여길 것을 자신만이 과대망상이나 지나친 피해의식에 젖어 그 사실에 쓸데없이 큰 의미를 부여하고 있는 경우다. 그러나 이런 고민이 정말 쓸데없는 피해의식인지 여부는 한두 가지의 그런 저런 객관적 사태 파악에 좌우될 성질의 것이 아니다. 각 개별 주체들이 겪어온 역사가 무엇인지, 그 사건이 그 주체에게는 어떤 특수성을 가지고 다가오는지, 그 주체의 주변 환경이 그 사건을 어떻게 해석하고 받아들이고 있는지, 그 주체가 현재 처한 구체적인 상황은 어떤 것인지(예컨대 그런 환경에서 벗어날 가능성의 정도와 그런 환경을 완화시켜줄 완충작용으로서의 정신적 의지처의 존재 여부) 등을 모두 고려할 때에 비로소 그의 두려움과 비밀로 하고자 함의 의미가 이해될 수 있다.

테스의 경우는 매우 전형적이고, 심지어 고대로부터 현재에 이르기까지 모든 침해당한 여성들에게 공통적인 그런 종류의 두려움과 비밀을 가지고 있었다. 오늘날에도 성에 대한 금기나 순결을 중시하는 사회통념은 이전과 크게 다를 바 없다. 여자로서 성적인 침해를 당하면 지금도 여전히 곤욕스럽기는 마찬가지라는 뜻이다. 아무리 성적 자기결정권을 부르짖고 성적 자유를 외치면서 간통죄 폐지를 주장하더라도, 또 한편에서는 여전히 여성들의 성적 피해가 그들에게 치명적인 질곡으로 남아 그들이 영원히 비밀로 하고 싶은 사건으로 남는다는 또 다른 측면이 공존한다.

얘기할까 말까?

예컨대, 두 남녀가 서로 좋아하는 감정을 갖게 되고 그것이 결혼으로까지 이어졌다고 하자. 그런데 여자 쪽에서 테스와 같은 아픈 경험(테스의 경우보다 훨씬 자기 잘못이 크다고 해도 마찬가지지만)이 있다고 해보자. 혼전의 성경험이 매우 흔해진 오늘날의 사회에서도 그와 같은 사실을 남편에게 말하기가 그리 쉬운 일은 아니다. 더구나 상대방이 이 세상에 둘도 없이 소중한 존재로서 내게 다가올 경우 그런 말을 함으로써 잃을지도 모를 그와의 소중한 관계가 걱정스럽지 않을 수가 없다. 어쩌면 남편은 내 잘못을 용서해 줄지도 모른다. 최소한 이성적으로는 그렇게 생각해 줄 수도 있을 것이다. 하지만 그 어두운 기억들이 조금은 변색되어 상대방의 기억 속에서 다시 또아리를 틀고 문득문득 출몰하게 될 것을 상상하면 그건 정말이지 피하고 싶은 일이다. 게다가 내가 그동안 짊어져온 압박감을 고스란히 내가 사랑하는 상대방에게도 강요하는 일이 되고 말 것이다. 어찌 보면 그와 같은 고백은 정직이라는 허울을 쓴 이기심이요 상대방에 대한 무책임하고 배려 없는 행동에 불과할 수도 있다. 하지만 또 한편으로 생각해 보면 내가 진정으로 소통하고자 하는 상대방에게 나의 고통받는 모습을 모두 보여줄 수가 없고, 어떤 구석인가 숨길 것은 숨겨야 한다면 그것 또한 선택하고 싶지 않기는 마찬가지다. 완전히 소통하고 싶은 내 반쪽에게 어떤 것은 가리고 어떤 것은 보여주면서 내 삶을 편집해서 비추어준다는 것이 말이 되는가! 이와 같은 고민이 테스에게는 어떤 식으로 나타났을까.

　"아, 테스!" 엔젤은 말을 계속했다. "어쩌자고 당신은 날 이렇게 애태우지? 무엇 때문에 날 이토록 실망시키는 거요? 당신은 요부 같아. 확실히 당신은 읍내에서도 손꼽히는 요부 같아. 그 여자들은 당신처럼 변덕스러워 속셈을 알 수 없거든. 톨보세이즈 목장 같은 벽지에서 이런 일을 당할 줄은 천만 뜻밖이오. 그렇지만, 테스." 엔젤은 자기 말이 테스의 마음을 아프게 했다고 생각되자 재빨리 덧붙였다. "난 당신이 세상에서 가장 정직하고 흠잡을 데가 없는 여자라는 걸 알고 있소. 그런 당신을 어떻게 요부라고 생각할 수 있겠소? 테스, 나를 사랑하는 것이 정말이라면 아내가 돼달라는 데 어째서 싫다는 거죠?" "싫다고 말한 적은 없어요. 전 그런 말은 못해요. 그게 제 본

심은 아니니까요!"테스는 너무나 긴장했기 때문에 입술이 떨렸다.
그녀는 그 자리를 떠나야 했다. 엔젤은 너무 괴롭고 당황한 나머지
뛰어가서 복도에서 그녀를 붙잡았다. "말해 주오. 약속해 주오! 나
이외엔 누구의 사람도 되지 않겠다고 말이오!"그는 손에 우유 응어
리가 더덕더덕 묻은 것도 잊은 채 그녀를 꽉 껴안으며 말했다. "말하
겠어요. 하고말고요! 지금 저를 놓아주시면 모조리 말씀드리겠어요.
제가 겪어온 모든 일들을 모조리 털어놓겠어요."그녀가 외쳤다. "테
스, 당신이 겪은 일들을? 그래, 그래야지. 얼마든지 해요."엔젤은 그
녀의 얼굴을 들여다보며 유쾌한 말로 비꼬듯이 승낙을 했다. "나의
테스는 확실히 오늘 아침 저 뜰의 생울타리에 갓 피어난 싱싱한 나
팔꽃만큼이나 많은 경험들을 가지고 있을 거요. 내게 무슨 소릴 다
해도 좋지만, 아내가 될 자격이 없다는 둥 그런 얘긴 제발 하지 말아
요.""네, 그러겠어요. 그런데 제 얘긴 내일, 아니 다음 주일에 말씀
드리겠어요.""그럼 일요일이 어떨까요?""좋아요. 일요일로 해요."

여러분들이라면 어떻게 하겠는가? 내가 진정으로 사랑하
는 사람 앞에서 테스와 같은 상황에 처해 있다면 말이다. 대답
의 편의를 돕기 위해 몇 가지 가능한 선택지를 주겠다. ① 우
연히 알게 되면 할 수 없지만 그렇지 않는 한 최대한 숨긴다.
② 되도록 빨리 고백한다. ③ 언제가 될지 알 수 없지만 고백
할 것을 전제로 하고 오랜 기간 참고 기다린다.
　　일단 말을 하기로 결심했다면 구체적인 상황들을 빠짐없

이 정확하게 알려야 할 것인지 대충 각색해서 말할 것인지도 고려해야겠지만 일단 위의 선택지만 고려해 본다면, 여러분에게 권하고 싶은 것은 ③의 선택이다. 우선 ①은 고백하지 않을 것을 전제로 하는 점에서, 과연 고백하지 않고 끝까지 숨기는 것이 자신의 상처를 스스로 영구히 고정적인 것으로 못 박는 행위가 되는 것은 아닐지 우려되기 때문이고, ②는 상대방의 입장을 배려해야 하는 중요성을 너무 쉽게 자신의 용기나 솔직함의 표현으로 상쇄시켜버려도 좋다는 태도로 보이기 때문이다. 이때의 상대방에 대한 배려란 나를 사랑하는 사람이 내 아픔이나 짐을 알게 될 경우 내 아픔이 고스란히 그의 아픔이나 짐이 될 수밖에 없다는 고려를 말한다. 그러나 개별적인 상황에 따라 최선의 선택이 달라질 수도 있음은 물론이다. 상대방의 성향에 따라 예상되는 반응도 생각해 봐야 하겠고, 시대적으로 처한 현실이나 그 사회의 특수성도 고려해야 할 테니까. 테스의 선택을 알아보자.

마침내 테스는 그 자리를 빠져나와 걸음을 멈추지 않고 남의 눈에 띄지 않는, 안뜰 낮은 쪽에 가지를 다듬어놓은 버드나무 숲 속으로 들어가버렸다. 그녀는 거기서 침대 위에 눕듯이 바삭거리는 갈대 풀밭 위에 털썩 주저앉아 가슴이 터질 듯한 슬픔을 짓씹으며 웅크리고 앉았다. 그러나 결과가 어떻게 될까 하는 두려움도, 치밀어 오르는 억누를 수 없는 순간적인 행복감으로 하여 사라져버렸다. 사실 테스는 엔젤의 청혼을 받아들이는 쪽으로 마음이 기울어지고 있었다. 가빠진 숨결과 끓어오르는 피와 귀에 울리는 맥박 소리는 본능과 어울려 양심에 얽매여 주저하는 그녀에게 거역하는 소리를 지르는 것 같았다. 앞뒤 가릴 것 없이 엔젤의 청혼을 받아들이고 과거를 밝힐 필요도 없이 성단에서 결혼식을 올리고, 어쩌다 과거를 알게 되면 운명에 맡기고 무쇠 같은 고뇌의 이빨에 물리기 전에 무르익은 쾌락을 손아귀에 넣어라, 이것이 바로 사랑이 가르쳐주는 것이었다. 그리고 무섭도록 벅찬 환희에 사로잡힌 테스는, 지난 몇 달 동안 자신을 꾸짖고 앞으로 엄격히 혼자서 살겠다고 번민도 하고 여러 가지 궁리와 계획도 세워보았지만 결국 자기는 사랑의 속삭임 앞에 굴복하게 되리라는 것을 알았다.

고백을 할 것인지 여부를 놓고 테스는 끝없이 갈등한다. 때로는 고백을 시도했다가 실패하기도 하면서 결혼식이 치러진 당일까지 결국은 고백하지 못하고 만다. 남의 이야기가 그처럼 쉽고 간단해 보이는 이유는 우리가 남들의 사정에 그다지 관심을 갖지 않기 때문이다. 하지만 본인이 직접 그와 같은 상황이 된다면 테스가 결혼식을 치를 때까지도 말하지 못한 처지를 조금은 이해할 수 있으리라. 그리고 그 시점이야 어찌됐든 테스는 고백하기로 마음을 먹고 있었다. 그녀가 아파하는 진정한 이유를 그녀의 엔젤이 정말 그답게도 잘 알아내서 그 복잡한 모든 것을 간명하게 해소시켜줄 그 순간을 간절히 기다리면서.

원인은 결코 개인적이지 않다

테스는 자기가 자연과는 아무 관계없이 인간이 멋대로 만들어 놓은 사회의 법칙 때문에 저주를 받는다는 것 외에 까닭도 없이 간밤에 부질없이 괴로워했던 자기 자신이 부끄러웠다. 그러나 그녀에게 반감을 품고 있는 유령들이나 그녀를 나무라는 소리로 가득 찬, 이와 같은 주위 환경은 낡아빠진 인습에 의하여 그녀 자신이 마음대로 만들어낸 것으로, 그녀가 환상 속에서 가슴 아프게 잘못 생각한 창조물이었다. 그것은 테스가 까닭 없이 두려워하는 도덕이라는 요귀들의 무리였다. 현실 세계와 조화를 이루지 못하는 것은 바로 이런 것들일 뿐, 테스는 아니었다. 테스는 새들이 잠들어 있는 생울타리 사이를 거닐거나, 달빛이 비치는 토끼장에서 토끼가 뛰어노는 것을 지켜보거나, 혹은 꿩이 앉은 나뭇가지 아래에 서 있을 때면 자신을 '죄 없는 것들'의 보금자리를 침입한 '죄 많은 사람'이라고 생각했다. 실은 테스는 아무 차별도 없는 곳에 일부러 차별을 만들고 있었다. 그녀는 자기가 주위와 대립하고 있다고 생각했지만 사실은 잘 조화되었다. 테스는 어쩔 수 없이 기성 사회의 도덕률을 범하긴 했지만 자기가 자기 자신을 이질적인 존재라고 공상하고 있는 그녀의 주위 환경의 법칙을 어기지는 않았다.

엔젤을 만나기까지 테스를 억눌러온, 그리고 엔젤과의 결혼을 눈앞에 두고 있는 지금 이 순간까지도 테스를 억누르고 있는 그 실체는 과연 무엇일까. 테스의 잘못된 행실이 그 자체로서 그처럼 육중하게 그녀를 억누를 자격이 있는 것일까. 또는 양심의 저 밑바닥에서부터 치솟는 테스의 고통은 뭔가 자신을 속이고 돌보지 못한 그녀의 내면적 불성실이라는 타당한 이유를 가지고 덤벼들고 있는 것일까. 하디가 위에서 적절하게 표현하고 있듯이 테스를 괴롭히는 것은 순전히 사회적인 그 무엇일 뿐이다. 그에 합당한 내면적이고 윤리적인 과오가 있었다고는 할 수 없는 테스의 고통은 억울하기 짝이 없다. 그렇다면 엔젤에게 그런 사실을 알리는 것을 두려워할 이유가 없지 않을까. 엔젤은 진정으로 테스와 내면적인 의식마저도 공유할 수 있는 존재이며 진심으로 테스의 아픔을 이해해 줄 수 있는 유일한 사람이 아니던가. 하지만 하디가 잘 그려내고 있듯이 엔젤에게 그것이 가능하다는 것과 그런 사실을 그에게 말했을 때 당장에 나타날 효과는 전혀 별개의 문제였다. 테스는 여러 번 용기를 내어 과거를 엔젤에게 알리려고 시도했지만 번번이 실패하다가 하필 결혼식 당일에서야 어줍잖은 기회가 찾아온다. 그 기회란 먼저 엔젤이 그의 과거를 테스에게 고백하는 그 순간이었다. 엔젤은 한때 런던에 가서 낯선 여자들과 며칠간 방탕한 성관계를 가진 사실이 있는데, 그 고백이 테스를 고무시키고 그야말로 적절한 기회라고 생각하게 했던 것이다. 하지만 결국… 테스의 고백이 낳은 결과는 참담했다. 엔젤은 혼란에 빠졌고 급기야 브라질로 농장을 개척하러 떠나버렸다. 완벽해 보였던 그들의 사랑이 하루아침에 낭떠러지로 떨어져버린 것이다.

무엇이 이런 결과를 낳았는가. 그들의 사랑에 부족함이 있었을까, 아니면 엔젤도 테스와는 소통이 완벽할 수 없는, 마치 알렉과 같은 존재에 불과한 것이었을까. 그들의 염원과는 정반대로 작용한 그 보이지 않는 방해요소는 결코 두 사람의 내면적 소통에서의 불완전성이 아니었다. 그 누가 그들만큼 서로 깊이 이해하고 소통할 수 있었겠는가. 톨보데이즈 목장에서의 그들의 사랑은 결코 한때의 불장난이 아니었음을 하디는 매우 잘 그리고 있으며, 그 둘의 사랑을 통해 인간이 가질 수 있는 가장 근원적인 진정성을 보여주고 있다. 그렇다면 이와 같은 난공불락의 사랑의 성을 어이없이 허물어버린 그 실체는 무엇인가. 그것은 그들로서는 그 엄청난 위력을 예상하기 어려웠고 그래서 감당하기 어려운 예리함으로 그들에게 덤벼든 사회의 눈이었다. 테스 개인의 문제로 돌이켜보더라도 테스가 엔젤을 만나기 전부터 괴로워해야 했고 또 그를 만난 이후에 비로소 그 괴로움이 극에 달했던 보이지 않는 실체는 바로 그날 밤의 사건 그 자체가 아니라 그것이 가지는 사회적 의미요 그것을 해석하는 사회의 눈이었다. 이 사회가 바라보는 그 사건의 의미가 너무나 육중하고 무거웠던 것이다. 이런 사정은 엔젤도 마찬가지였다. 그가 테스를 떠난 것은 그의 사랑이 부족했기 때문도 아니요 그녀를 향한 소망이 덜 간절했기 때문도 아니었다. 그로서도 그 사회의 무게가 자신의 기대를 짓밟아버릴 만큼 무겁게 눌러오는 것을 피할 수 없었을 뿐이다. 그렇다면 그들을 짓누르는 사회적 실체라는 것은 무엇으로부터 연유하는가. 우리가 무의식적으로 받아들이고 심지어 우리 몸에 체화시켜버린 관습적인 규정들, 예컨대 여자는 순결해야 하고, 적어도 순결하지 않은 여자는 그 완전성에 크건 작건 흠집을 내고 만다는 우리의 사고 습성이 우리 이웃들의 공감대를 형성하고 우리의 뇌리에 각인되었기 때문이다. 엔젤도 그런 사고 습관을 거부해야 한다는 정도는 이미 알고 있었음에도 불구하고 그가 그토록 실망하고 괴로워하면서 테스를 쉽게 용서하지 못한 데는 이유가 있다. 만약 테스가 어두운 과거를 쉽게 잊을 수 있었고 엔젤에게 그 사실을 말하는 것이 아주 간단하고 용이한 일이었다면 마찬가지로 엔젤도 테스의 고백을 아주 따뜻하게 눈물겨운 안타까움으로 포옹했을 것이다. 하지만 테스 자신도 그렇게 하지 못했듯이 엔젤 또한 쉽게 그렇게 할 수는 없었다. 결국 위대한 사랑의 감정도 사회의 눈과 싸워 이기기 위해서는 많은 고통과 좌절을 맛보아야 했다.

"엔젤, 아마 저하고 같이 오래 지내시진 않겠지요, 그렇죠?" 그녀가 물었다. 그녀의 양쪽 입 가장자리가 일그러지는 것은 그녀의 평온한 표정이 억지로 꾸민, 순전히 기계적인 것임을 보여주고 있었다.

"함께 지내진 못하겠소. 나 자신을 모욕하지 않거나, 게다가 더욱이 당신을 모욕하지 않고서는. 내 말은 물론 보통의 의미로서 당신과 함께 살 수 없다는 뜻이오. 지금 같아선 내 생각이야 어떻든 간에 당신을 경멸하진 않소. 솔직히 말해야겠소. 그렇지 않으면 당신은 난처한 내 처지를 이해하지 못할지도 모르니까. 그 사내가 살아 있는데 어떻게 우리가 함께 살 수 있단 말이오? 실은 그 사내야말로 당신의 남편이지, 나는 아니오. 만약 그 사내가 죽었다면 문제는 다르겠지만…. 게다가 문제는 그것만이 아니오. 다른 면에서 보아도 그것은 우리 두 사람 말고도 다른 사람들의 장래에도 영향을 미치거든. 앞으로 우리 사이에 자식이 생기고, 자식들이 자라서 이 사실을 알게 된다고 생각해 보오. 세상에 비밀이란 없는 법이니까. 세상에서 아무리 외떨어진 곳이라도 사람들이 왕래하지 않는 곳은 없으니까. 우리의 살과 피를 나눈 불쌍한 자식들이 점점 나이 들면서 사람들의 놀림을 받고 괴로워할 것을 생각해 보란 말이오. 자식들이 얼마나 환멸을 느낄 것이며, 그들의 장래가 어떻게 될 것인가를! 이런 것을 뻔히 알면서도 당신은 그래도 감히 함께 살자고 말할 수 있겠소? 또 다른 불행을 겪게 되느니 차라리 지금의 불행만을 참고 견디는 게 낫다고 생각지 않소?"

절실함은 실패를 모른다

그들을 궁지로 몰아넣었던 그 사회적 압박감이라는 것도 반드시 쓸모없는 것만은 아니라고 한다면 좀 이상하게 들릴까? 오늘날 사랑(특히 남녀 간)이라는 단어가 그처럼 높은 가치를 부여받고 선망의 대상이 되고 있는 이유를 역으로 거슬러 올라가 보면 그만큼 남녀 간의 사랑이라는 것이 희귀하기 때문이라는 역설도 가능하다. 또 그처럼 소중한 가치를 가진 사랑이라는 것이 정말 희귀하고 보기 드문 이유는 사랑에 절실한 사람이 드물기 때문이라는 주장도 가능하다. 테스가 엔젤을 만나기 전의 그 어두운 과거가 없었다면 어땠을지 한 번 상상해 보기 바란다. 엔젤과의 사랑이 만들어져가는 모습은 전혀 달랐을 것이다. 테스의 마음 한구석에서 그녀를 억누르는 그 추악한 기억이 그녀를 발길질하지 않았다면 그녀에게 엔젤은 김빠진 맥주 같은 존재였을지도 모른다. 하지만 테스는 잘 갈아서 날이 선 칼날처럼 완벽하게 준비되어 있었다. 그녀의 마음은 방심과 권태의 군더더기를 잘라내고 단련된 정수만이 하나씩 쌓여가고 있었으며, 무엇보다도 그 무언가를 향한 처절하고도 절실한 기대는 엔젤을 발견하도록 도왔을 것이다. 반면, 엔젤로서는 어떠했겠는가. 그처럼 날이 선 테스의 정제된 외침이 그의 진심에 와닿지 않을 수는 없었을 것이다. 그렇다면 "그들이 만나기까지 알렉과의 그 더러운 기억이 없었다면 이들이 정말 서로 만나기조차 했겠는가"라는 생각이 들만도 하지 않은가.

그렇다고 해서 그런 어두운 기억들이 많을수록 좋다는 말은 아니다. 우리가 본능적으로 두려워하고 회피하듯이 그런 어두운 기억들은 자발적으로 형성할 수 있는 그런 성질의 것이 아니다. 하지만 우리가 그토록 바라고 기대하는 가치 있는 것들은 항상 그런 어둠과 매우 가까운 곳에 있거나 그런 어둠의 껍질 속에 싸여 있어서 그 어둠을 통과해야만 만날 수 있는 것이 사실이다. 사랑이란 늘 어둠의 껍질 속에 숨어 있어서 처절하거나 절실하지 않으면 보이지 않는다. 테스는 그것을 발견했고, 그런 발견은 아무나 할 수 있는 것이 아니었다.

이처럼 테스는 거의 순식간에 단순한 처녀에서 복잡한 생각을 품은 여자로 탈바꿈했다. 그녀의 얼굴에는 뉘우치는 빛이 떠오르기도 하고 목소리에는 때때로 서글픔이 어리곤 했다. 그녀의 눈은 더욱 커졌고 표정도 풍부해졌다. 그녀는 말하자면 미녀라고 할 만한 여자가 되었다. 용모는 아름다워 남의 눈길을 끌기에 충분했다. 그리고 그녀의 성격에는 지난 한두 해의 시련 속에서도 꺾이지 않은 굳센 의지가 깃들어 있었다. 세상 사람들의 이러쿵저러쿵하는 소리만 없었더라면 그런 경험들은 오히려 교양교육이라 할 수 있었을 것이다. (중략) 겉보기에는 거의 생명이나 지각이 없는 것처럼 보였을지도 모르는 그녀의 외모 속엔 젊은 나이에 비해서 인생의 허무함과 정욕의 잔인함, 사랑의 나약함을 뼈저리게 겪은, 맥박 뛰는 생의 기록이 새겨져 있었다.

남녀가 사랑하는 방식의 차이

테스는 엔젤에게 정신적으로 완전히 의지한다. 그리고 진

정한 마음은 있지만 그것의 외적 표출을 무척이나 꺼린다. 그
처럼 감추고 괴로워할수록 그녀의 사랑이 더 빛나 보이는 이
유는 뭘까. 우리가 흔히 '침묵을 금'이라고 하는 그런 맥락에
서만 보더라도 그녀의 진정성은 그녀의 내면 깊숙이 숨어들어
가는 그 모습으로부터 더욱 명확해진다. 다음 구절을 보자.

그를 향한 테스의 사랑은 이제 그녀가 살아가는 데 없어서는
안 될 호흡과 생명이었다. 그것은 마치 광구(光球)와 같이 그녀를 감
싸고 빛을 발해 그녀에게 덤비려고 끈질기게 들러붙는 음산한 유령
들—의심, 두려움, 우수, 고민, 그리고 치욕 등—을 물리치고 과거
의 슬픔을 잊어버리게 했다. 그녀는 이 유령들이 자기 주위의 광채
바깥에서 늑대들처럼 기다리고 있음을 잘 알고 있었다. 그러나 그것
들을 굶주리게 해서 무릎을 꿇게 할 수 있는 끈질긴 힘을 그녀는 지
니고 있었다. 마음속에선 잊혀진 일이 머릿속엔 박혀 있어 이따금 되
살아나는 때가 있었다. 테스는 빛 속을 걷고 있었지만 그 뒤에는 항
상 어둠의 그림자가 뒤따르고 있음을 알고 있었다. 그 그림자들은 매
일 번갈아가면서 조금씩 멀어지는 것 같기도 하고, 또는 더 가까이
다가오고 있는 것 같기도 했다. (중략) 엔젤은 테스가 자기를 사랑하
고 있음을 알고 있었다. 그녀의 몸짓 하나하나에 그것이 나타나 있
었다. 하지만 그는 테스의 헌신적이고 깊은 애정과 일편단심, 그리고
부드러운 마음씨가 어느 정도인지 알지 못했고, 또한 그러한 사랑이
얼마만한 고뇌와 정직함과 인내심, 성실성을 보장하는 것인지 알지

는 못했다. (중략) "아 사랑하는 엔젤, 어쩌자고 당신을 이렇게 깊이 사랑할까요! 당신이 사랑하고 있는 여자는 진짜 제가 아니라 한때에는 저도 그러했던 저 비슷한 여자일 거예요!"(중략)

테스의 눈까풀은 괴로움에 짓눌려 여전히 아래로 처져 있었다. "전 함께 살자고 하진 못하겠어요. 그렇겐 말하지 못하겠어요. 그리고 그렇게까지 생각해 본 적도 없구요."

여자들의 진정한 장점은 바로 이런 것이다. 스스로 내질러버리지 못하고 자꾸만 안으로 안으로 숨어들어가고 만다. 어떨 땐 정말 답답하고 바보스러워 보이기까지 한다. 하지만 그녀들의 가슴속에 들어 있는 의미를 잠시라도 들춰보려고만 한다면 그 메시지는 정반대의 외침으로 들려올 것이다. 이승철의 노래가사를 떠올려보자. "소리 내지 마, 우리 사랑을 누가 듣잖아. 움직이지 마, 우리 사랑이 약해지잖아." 테스의 내면적 침잠(沈潛)의 경향은 이런 맥락에서 이해할 수 있다. 내가 내 아픔을 부르짖고 사랑의 욕구를 외치는 순간, 내 사랑이 외부의 무언가에 의해 다치거나 손상될까봐 조바심하는 모습인 동시에 그 소중한 것을 더욱 감싸고 보호하고 겹겹이 내 마음속에 꼭꼭 보듬어 안음으로써 그 빛을 소중히 간직하려는 더없이 순수한 의지적 태도인 것이다. 이와 같이 여자들이 사랑하는 방식의 한 가지 특징은 마치 태아를 품는 자연적인 생리와도 같이 안으로 보듬어 안는 방향성에 있다. 반면, 남자들의 방향성은 그것이 생물학적인 이유에서든 사회적인 이유에서든 보다 외부지향적이다. 일단 가정에 귀가한 후에도 남편이 아내를 잘 보살필 수 있다고 믿는 사람이 있다면 다시 한번 생각해 보기 바란다. 사람들이 잘 믿으려 하지 않지만 사랑이라는 내적 소통의 영역에서의 남편은 본래 보살핌의 동물이 아니라 오히려 보살핌을 받고자 하는 동물이다. 남자들에게도 여자들과는 또 다른 사랑의 형식들이 있긴 하지만 그들에게는 보다 가녀리고 연약한 살갗이 없을 뿐만 아니라 결정적으로 안으로 안으로 보듬고 간직해 가는 방향성 자체가 없는 듯하다. 결국 누가 승리하는가. 당연히 여성들이 승자가 된다. 가장 강한 것은 역시 가장 아름다운 것으로부터 나올 수밖에 없고, 가장 아름다운 것은 역시 가장 연약한 살갗을 가진 우리들의 내면으로부터 나올 수밖에 없기 때문이다.

망측한 자의 존재 이유

잠시 알렉 더버빌의 이야기로 돌아가자. 알렉은 앞서도 잠시 언급했듯이 그다지 잔혹하지도 그다지 흉악하지도 않다. 다만 젊은이들이 흔히 빠지기 쉬운 그 욕정을 잠시 참지 못하고 도를 지나친 적은 있다. 또 테스라는 여인에게 관심을 보여, 좀 지나칠 정도로 끈질기게 매달린 적은 있었다. 그 외에는 특별히 그의 잘못을 찾기 어렵고, 오히려 테스의 가족들을 돌보아주기도 하고 클레어 목사(엔젤의 아버지)에게 감화되어 진정으로 회개하려는 시도도 보여주었다. 그럼에도 이 작품을 읽는 이라면 누구나 알렉과 같은 존재야말로 이 세상에 둘도 없는 악인이라고 생각하게 되는 것은 왜일까. 이 대목이 바로 하디의 인물설정에서 그 의도는 분명하지만 그 내부적 메커니즘을 파악할 수 없는 기묘한 부분이다. 알렉이 우리에게 혐오 감을 주는 이유는 단지 테스의 비운을 초래한 장본인이기 때문만은 아니다. 그의 성격적인 결함이 그다지 분명하지 않은 점은 이미 보았다. 그의 행동이 인간으로서 납득할 수 없는 극악무도한 수준에까지 다다른 것도 아니었다. 그렇다면 무엇일까. 왜 그토록 알렉은 혐오스러운 인간으로 우리에게 다가오는 걸까. 그 핵심은 바로 그의 어설픈 적극성에 결부된 부족한 안목이다. 그는 테스에게 집착했고 심지어 테스를 사랑했지만 테스를 정말 절반도 이해하지 못했다. 그녀의 내면에서 우러나는 아름다움에 피상적으로(하지만 매우 격렬하게) 매혹되었지만 진정으로 그 가치를 바라보지는 못했다. 그러면서도 주제넘게, 물론 본인은 스스로 주제넘음도 느끼지 못했겠지만, 테스에게 달려들고 자신을 그녀에게 관여시키고 그녀를 자신에게 결부시키고 옭아매려 했다는 점이다. 독자들이 알렉에게 화가 나는 이유의 핵심은 바로 이것이다. 그의 강간행위로 인한 테스의 고통이 아니라 아름다움을 감지하지 못하는 그의 얄팍한 안목이 주제넘은 적극성 위에 어울리지 않게 덮어씌워져 있음 때문이다. 물론 테스 자신의 입장에서야 알렉이라는 인물이 태연히 남 말하듯 '비천한 안목과 주제넘은 집착이 화가 난다'는 정도에 머물렀을 리는 없다. 아마도 징그러운 벌레나 미끌미끌한 뱀처럼 뇌리 속에 출몰하는 악몽, 아니 그 이상이었을 테니까.

알렉과 같은 인물에 대해 정말 불필요한 해충이니까 그냥 없애버리자고 말할 수만 있다면 얼마나 좋을까. 하지만 그들이 없어진다고 해서 보다 좋은 사회가 곧바로 형성되는 것일까. 아마도 답은 부정적일 것이다. 그들이 없다면 또 다른 누군가가 그들의 역할을 충실히 수행해낼 것이기 때문이다. 한마디로 악역의 대체 현상이 있을 뿐, 악역의 소멸은 없다는 말이다. 그렇다면 그들의 존재 이유를 캐묻지 않을 수 없다. 하느님은 테스와 같은 아름다운 인간과 함께 왜 알렉처럼 뱀 같은 인물도 창조하셨는가? 알렉과 같은 인간의 존재 이유는 무엇인가? 테스가 사랑을 발견하기까지 그녀의 절실함을 부추기는 촉진제 역할을 이 악인이 담당했음은 이미 말한 바 있다. 그렇다면 또 다시 의문이 생긴다. 왜 그런 촉진제 없이는 테스가 진정한 사랑에 눈을 뜰 수 없다는 말인가. 인간은 왜 굳이 해충 같은 존재로부터 더러운 고통과 자극을 받은 후에야 제 길을 찾을 수 있도록 만들어진 것일까?

우리 삶의 본질은 치열하게 살아 움직이는 어떤 것이다. 우리 삶은 따뜻한 온돌방에서 구워 먹는 군고구마의 달콤한 맛도 있지만 늘 틀어박혀 있는 콘크리트 아파트의 갑갑한 공기와는 정말 다른 것이다. 그렇다고 해서 검붉은색의 광기어린 영국인들의 격정이 유일한 해답이라는 말은 아니지만 아무튼 우리 삶이 늘 살아 꿈틀거리는 어떤 것임을 잘 아는 사람이라면 세상의 곳곳에 뱀들이 어슬렁거리는 것도 그다지 이상하지는 않을 것이다. 요컨대, 의미의 부여 또는 의미의 생성은 항상 그 반작용을 통해서 탄력을 받을 경우에 이루어지도록 되어 있다는 것이다. 오직 앞으로 나아가는 일방적인 방향성은 주체가 그 방향성의 의미 자체를 소화해내기 어렵다. 그 방향성의 가치를 충분히 소화할 수 있는 가장 좋고도 유일한 방법은 그 반대의 가치들이 가지는 몸서리치는 박탈의 아픔을 아로새기는 것이라고 할 수 있다. 그런데 문제는 이런 박탈감 또는 반대의 가치가 가지는 위험성은 결코 나태하게 드러누워 있는 한량들이 아니라 가난하고 삶에 지친 테스 같은 영혼들에게만 열려 있다는 점이다. 진정한 삶의 꿈틀거림은 이처럼 삶을 쉽게 살지 않는 절실한 영혼들의 몫이라고 할 수 있다. 뱀들도 따분한 아파트의 온실에는 결코 찾아오지 않는 법이다.

고백의 대가

이제 다시 테스의 고백에 대한 이야기로 돌아오자. 테스의 고백이 얼마나 어려운 결정이었으며 그녀가 그렇게 어려운 용기를 내었음에도 알렉의 냉담하고 차가운 반응만이 기다리고 있었다는 사실은 우리의 마음을 얼어붙게 한다. 더구나 그 후 오랜 시간 테스가 겪어야 했던 절망적인 시간들을 생각한다면 다시는 이런 고백은 하지 않는 것이 좋겠다는 결론도 쉽게 다가온다. 하지만 고백도 고백 나름이다. 같은 고백도 그 고백이 처한 상황과 맥락이 있다. 결론적으로 말하자면 테스가 고백한 상황과 맥락은 조금은 천천히 좀더 무르익은 고뇌의 순간을 기다릴 필요가 있었다는 생각이 든다. 젊은이들이 흔히 저지르기 쉬운 솔직함에 대한 지나친 과대평가는 좀더 적절한 시점을 기다리고 인내하면서 내 고통이 상대방에게 전해지는 고통의 전이 현상을 완화시키려는 노력의 중요성을 간과하고 만다. 또 문제의 발단이나 고통의 원인이 결코 개인적 도덕성의 문제가 아니라 사회적 시각의 문제라는 것을 상대방이 잘 이해하고 있더라도 고백 직후에 그것이 실제로 미치는 충격은 별개의 문제다. 원인의 사회성에 대한 이해만으로는 과거의 사건이 둘만의 소통에 미칠 장기적 악영향이 해결되지 않는다. 두 사람에게 그 트라우마(정신적 외상)를 바라보는 사회의 눈은 그만큼 무서운 것이며, 그런 사회적인 원인을 아무리 잘 이해하더라도 그것을 개인의 삶 속으로 끌어들여 해소해 나가는 과정은 훨씬 더 긴 시차를 가지고 진행하기 때문이다. 따라서 원인의 사회성에 대한 이해만 있으면 고백을 듣는 상대방이 아무런 충격도 받지 않을 것이라거나 둘만의 소통의 완결성에 전혀 영향이 없을 것이라는 발상은 무모해 보인다.

엔젤이 테스의 고백을 듣고 나서 일시적인 소통의 단절을 경험한 것은 엔젤의 잘못은 아니었다. 엔젤은 엔젤대로 참 사랑의 진면목을 맞이할 준비기간이 필요했을 뿐이다. 엔젤은 자신의 절실함이 솟구치는 수원지를 향해서 자신을 좀더 단련하고 준비할 필요가 있었다. 브라질에서의 오랜 투병과 함께 그가 겪은 삶의 고통이 테스의 안으로 안으로 숨어드는 강렬한 진정성을 공유할 수 있는 준비과정이 되었다. 정말 다행스런 일이다. 누가 뭐래도 그 사건에 관한 진실을 테스 자신만큼 명확하게 알고 있는 사람은 없다고 하더라도 그 아픔을 삭여주고 공유해 줄 그녀의 반쪽은 꼭 필요했기 때문이다. 우리 모두에게 자신의 진정한 반쪽을 만나는 것이 결코 흔하지도 쉽지도 않음을 이제는 이해했을 것이다. 커다란 시련에 단련되고 준비된 자만이 그 반쪽을 만날 수 있을 터이다.

〈문제1〉 제시문 (가)~(라)를 참조하여 사랑하는 사람에게 자신의 과거를 고
백하는 것이 어려운 이유를 설명하시오.

(가)

　　테스는 자기가 자연과는 아무 관계없이 인간이 멋대로 만
들어놓은 사회의 법칙 때문에 저주를 받는다는 것 외에 까닭
도 없이 간밤에 부질없이 괴로워했던 자기 자신이 부끄러웠
다. 그러나 그녀에게 반감을 품고 있는 유령들이나 그녀를 나
무라는 소리로 가득 찬, 이와 같은 주위 환경은 낡아빠진 인습
에 의하여 그녀 자신이 마음대로 만들어낸 것으로, 그녀가 환
상 속에서 가슴 아프게 잘못 생각한 창조물이었다. 그것은 테
스가 까닭 없이 두려워하는 도덕이라는 요귀들의 무리였다.
현실 세계와 조화를 이루지 못하는 것은 바로 이런 것들일 뿐,
테스는 아니었다. 테스는 새들이 잠들어 있는 생울타리 사이
를 거닐거나, 달빛이 비치는 토끼장에서 토끼가 뛰어노는 것
을 지켜보거나, 혹은 꿩이 앉은 나뭇가지 아래에 서 있을 때면
자신을 '죄 없는 것들'의 보금자리를 침입한 '죄 많은 사람'이

라고 생각했다. 실은 테스는 아무 차별도 없는 곳에 일부러 차별을 만들고 있었다. 그녀는 자기가 주위와 대립하고 있다고 생각했지만 사실은 잘 조화되었다. 테스는 어쩔 수 없이 기성 사회의 도덕률을 범하긴 했지만 자기가 자기 자신을 이질적인 존재라고 공상하고 있는 그녀의 주위 환경의 법칙을 어기지는 않았다. (중략) 테스는 굳세게 마음을 다지며 걸어갔다. 다른 사람들이 무어라 수군거리든 그것을 무시하고 용기만 낸다면 자기의 슬픔도 견딜 수 있는 성질의 것이라는 생각이 들었다. 그러나 다른 사람들이 테스를 생각하듯 엔젤이 테스를 그렇게 생각한다면, 테스로서는 그것을 무시할 수가 없었다. "어째서 내 사정을 그이한테 말해 주는 사람이 없단 말인가? 겨우 40마일밖에 떨어지지 않은 이곳인데, 왜 내 소문이 퍼지지 않았을까? 분명 알고 있는 사람이 있을 텐데!" 그녀는 혼자 중얼거렸다. 테스는 자기의 인생이 벅찬 즐거움과 뼈저린 고통의 두 가닥 실로 얽혔던 때를 일찍이 겪어본 적이 없었다.

(나)

테스 당신은 내 아내가 되어줄 수 없나요?" 그가 조용히 말했다. 테스는 무척 괴로웠다. 그녀는 엔젤을 사랑했으므로 그 결과 어쩔 수 없이 그와 가까워지는 것을 피할 수는 없었다. 그러나 이와 같은 갑작스런 결과가 나타나리라고 예측하지 못했다. 사실 엔젤도 조급하게 서두를 생각은 없었지만 어쩌다 보니 테스에게 고백하고 말았던 것이다. 테스는 가슴이 찢어질 듯한 괴로운 심정으로 성실한 여자답게 이야기하기로 마음먹었다. "아, 엔젤, 전 당신의 아내가 될 수 없어요. 전 그럴 자격이 없어요!" 테스는 자기가 결심한 바를 말하고 나니 가슴이 찢어지는 것만 같아 슬픔을 이기지 못해 고개를 떨구었다. "테스! 그럼 결혼 못하겠단 말이오? 분명 날 사랑하고는 있겠지?" 그는 그녀의 대답에 어리둥절해서 그녀를 더 꼭 껴안으면서 말했다. "그럼요. 사랑하고말고요! 이 세상에서 누구보다도 당신의 아내가 되는 게 소원이에요. 그렇지만 결혼할 순 없어요!" 괴로운 테스는 아름답고 정직한 목소리로 말했다. "테스, 다른 남자와 약혼이라도 했나보군!" 그는 두 팔을 뻗어 그녀를 붙잡고 말했다. "아니에요. 그렇지 않아요!" "그렇다면 무엇 때문에 거절하는 거지요?" "전 결혼하고 싶지 않아서 그래요! 결혼 같은 건 생각해 본 적도 없고 할 수도 없어요! 그저 당신을 사랑하고만 싶어요." "도대체 왜 그러는 거요?" 대답이 궁해진 테스는 말을 더듬거렸다. "당신 아버님은 목사님이고 당신 어머님은 저 같은 여자하고 결혼하는 걸 달갑지 않게 생각하실 거예요. 어머님은, 당신이 양반집 딸하고 결혼하는 걸 원하실 거예요." "당신 같지 않은 소릴. 난 이미 부모님께 말씀드렸어요. 내가 집에 다녀온 것도 일부는 그 일 때문이었어요." "전 못할 것 같아요. 정말, 아무래도 안 될 거예요!" 그녀는 되풀이해서 똑같은 말을 했다. "테스, 너무 갑작스러운 말이라서 그러오?" "그래요. 전 미처 생각해 보지 못했어요."
"테스, 이 문제를 다음으로 미루어달라면 시간적인 여유를 주
겠소. 돌아오자마자 이런 얘길 꺼낸 건 너무 성급했나보오. 이
얘긴 당분간 하지 않겠소." 그녀는 번쩍거리는 주걱을 집어
들고 펌프 물에 식힌 다음, 다시 일을 시작했다. 바로 크림 밑
에다 교묘한 솜씨로 주걱을 갖다 대야 했지만 아무리 애를 써
도 그전처럼 되지 않았다. 때로는 주걱을 우유 속으로 찔러 넣
기도 하고 때로는 허공을 치기도 했다. 두 줄기의 슬픈 눈물이
앞을 가려 테스는 아무것도 보이지 않았다. 테스는 엔젤에게
도 그 슬픔의 정체를 밝힐 수 없었다. "크림을 못 걷겠군요. 안
되는 걸요!" 테스가 그를 외면하면서 말했다. (중략) "난 굴복
하고 말 거야. 좋다고 대답할 거야. 그이하고 결혼하게 될 거야.
어쩔 수 없는 걸, 뭐! 난 그이를 다른 여자에게 빼앗길 순 없어.
그렇지만 그건 그이에겐 좋지 않은 일일 거야. 그리고 내 과거
를 안다면 그이는 죽고 말거야! 아, 괴로워… 아… 아… 아!"

(다)

　　"테스, 솔직하게 말해 줘요. 다른 남자를 사랑하고 있소?"
"왜 그런 말씀을 하세요?" 테스는 감정을 억누르면서 말했다.
"그렇지 않을 거라고 대강은 짐작하고 있소. 그런데 어째서
날 거절하오?" "전 거절하지 않았어요. 오히려 당신한테서 듣
고 싶어요. 당신이 저를 사랑한다는 말씀을 듣고 싶어요. 함께

걸을 때 언제든지 그렇게 말씀해 주세요. 조금도 언짢게 생각하진 않아요.” “그렇지만 날 남편으로 삼을 수는 없단 말이죠?” “아이, 그건 문제가 다르지요. 엔젤, 사실은 당신을 위해서예요. 제 말을 믿어주세요. 오직 당신을 위하기 때문이에요. 당신의 아내가 되겠다고 약속해 놓고 저만 행복해질 수는 없어요. 왜냐하면, 왜냐하면, 전 분명히 그래서는 안 될 사람이기 때문이에요.” “그렇지만 당신은 나를 행복하게 해줄 수 있을 거요!” “아, 그렇게 생각하시겠지만, 그건 모르시는 말씀이에요!” 테스의 갈등은 심했다. 그녀의 마음은 엔젤에게 쏠렸다. 말하자면 두 개의 불타는 마음이 조그맣고 가련한 하나의 양심과 싸우는 격이었다. 그래서 그녀는 최선을 다해서 자기의 결심을 굳히려고 애썼다. 그녀가 이 톨보세이즈 목장으로 올 때에는 굳은 결심이 있었다. 어떤 일이 있어도 자기가 결혼한 후에 남편에게 가슴 아프게 뉘우칠 일을 저지르지는 않겠다는 결심이었다. 그래서 그녀는 마음이 조금도 흐리지 않았을 때 양심이 자기를 위해 결정해 준 것을 지금에 와서 뒤집을 수는 없다고 생각했다.

(라)

  그를 향한 테스의 사랑은 이제 그녀가 살아가는 데 없어서는 안 될 호흡과 생명이었다. 그것은 마치 광구(光球)와 같이 그녀를 감싸고 빛을 발해 그녀에게 덤비려고 끈질기게 들러붙는 음산한 유령들—의심, 두려움, 우수, 고민, 그리고 치욕 등—을 물리치고 과거의 슬픔을 잊어버리게 했다. 그녀는 이 유령들이 자기 주위의 광채 바깥에서 늑대들처럼 기다리고 있음을 잘 알고 있었다. 그러나 그것들을 굶주리게 해서 무릎을 꿇게 할 수 있는 끈질긴 힘을 그녀는 지니고 있었다. 마음속에선 잊혀진 일이 머릿속엔 박혀 있어 이따금 되살아나는 때가 있었다. 테스는 빛 속을 걷고 있었지만 그 뒤에는 항상 어둠의 그림자가 뒤따르고 있음을 알고 있었다. 그 그림자들은 매일 번갈아가면서 조금씩 멀어지는 것 같기도 하고, 또는 더 가까이 다가오고 있는 것 같기도 했다. (중략) 엔젤은 테스가 자기를 사랑하고 있음을 알고 있었다. 그녀의 몸짓 하나하나에 그것이 나타나 있었다. 하지만 그는 테스의 헌신적이고 깊은 애정과 일편단심, 그리고 부드러운 마음씨가 어느 정도인지 알지 못했고, 또한 그러한 사랑이 얼마만한 고뇌와 정직함과 인내심, 성실성을 보장하는 것인지 알지는 못했다.

〈문제2〉 위의 제시문들을 참조하여 아래와 같은 상황을 해소할 방안을 논하시오.

"엔젤, 아마 저하고 같이 오래 지내시진 않겠지요, 그렇죠?" 그녀가 물었다. 그녀의 양쪽 입 가장자리가 일그러지는 것은 그녀의 평온한 표정이 억지로 꾸민, 순전히 기계적인 것임을 보여주고 있었다. "함께 지내진 못하겠소. 나 자신을 모욕하지 않거나, 게다가 더욱이 당신을 모욕하지 않고서는. 내 말은 물론 보통의 의미로서 당신과 함께 살 수 없다는 뜻이오. 지금 같아선 내 생각이야 어떻든 간에 당신을 경멸하진 않소. 솔직히 말해야겠소. 그렇지 않으면 당신은 난처한 내 처지를 이해하지 못할지도 모르니까. 그 사내가 살아 있는데 어떻게 우리가 함께 살 수 있단 말이오? 실은 그 사내야말로 당신의 남편이지, 나는 아니오. 만약 그 사내가 죽었다면 문제는 다르겠지만…. 게다가 문제는 그것만이 아니오. 다른 면에서 보아도 그것은 우리 두 사람 말고도 다른 사람들의 장래에도 영향을 미치거든. 앞으로 우리 사이에 자식이 생기고, 자식들이 자라서 이 사실을 알게 된다고 생각해 보오. 세상에 비밀이란 없는 법이니까. 세상에서 아무리 외떨어진 곳이라도 사람들이 왕래하지 않는 곳은 없으니까. 우리의 살과 피를 나눈 불쌍한 자식들이 점점 나이 들면서 사람들의 놀림을 받고 괴로워할 것을 생각해 보란 말이오. 자식들이 얼마나 환멸을 느낄 것이며, 그들의 장래가 어떻게 될 것인가를! 이런 것을 뻔히 알면서도 당신은 그래도 감히 함께 살자고 말할 수 있겠소? 또 다른 불행을 겪게 되느니 차라리 지금의 불행만을 참고 견디는 게 낫다고 생각지 않소? 테스의 눈까풀은 괴로움에 짓눌려 여전히 아래로 처져 있었다. "전 함께 살자고 하진 못하겠어요.

그렇겐 말하지 못하겠어요. 그리고 그렇게까지 생각해 본 적도 없구요.” 테스가 대답했다.

다락원 명작노트 **039**

테스

펴낸이 정효섭
펴낸곳 (주)다락원

초판 1쇄 인쇄 2007년 4월 20일
초판 1쇄 발행 2007년 4월 27일

책임편집 안창열, 김지영
디자인 손혜정, 박은진
번역 한영탁
삽화 손창복

다락원 경기도 파주시 교하읍 문발리 509-1
Tel:(02)736-2031 Fax:(02)732-2037
(내용문의: 내선 520/구입문의: 내선 113~114)
출판등록 1977년 9월 16일 제300-1977-23호

Copyright © 2007, 다락원

출판사의 허락 없이 이 책의 일부 또는 전부를
무단 복제·전재·발췌할 수 없습니다.
잘못된 책은 바꿔 드립니다.

값 8,500원

ISBN 978-89-5995-154-3 43740

패턴 따라 쉽게 쓰는 틴틴 영어일기 1, 2

❶ 일상생활 패턴정복
❷ 학교생활 패턴정복

중학교에 다니는 여학생과 남학생이 각각 일상생활과 학교생활을 중심으로 1년간의 일을 쉽고 재미있게 쓴 영어일기. 중학생이라면 누구나 한번쯤 겪어봤을 만한 일들을 바탕으로 한 다양한 일기 소재와 어휘가 제공되어 있기 때문에, 영어일기를 통해 영작을 연습하려는 학습자에게 큰 도움이 될 수 있는 교재이다. 중·고생뿐만 아니라, 중학 영어를 미리 예습하려는 예비 중학생들에게도 아주 효과적인 영어 학습서로 강추!

□ 정미선 지음 / 4·6배 변형 / 192면
□ 정가 10,000원 (오디오 CD 1개 포함)

Teen Teen Diary (전3권)

❶ 매일 10단어로 뚝딱 중학생 영어일기

중1 수준의 어휘와 문장으로, 영어일기와 일상회화에 대한 감각을 익힌다.

□ 정미선 지음 / 신국판 / 144면
□ 정가 7,500원 (테이프 1개 포함)

❷ 매일 5문장으로 술술 중학생 영어일기

중2 수준의 어휘와 문장으로, 영어일기에 친숙해지고 자신감을 쌓는다.

□ 정미선 지음 / 신국판 / 152면
□ 정가 7,500원 (테이프 1개 포함)

❸ 매일 내맘대로 쓱싹 중학생 영어일기

중3 수준의 어휘와 문장으로, 중학영어를 마스터하고 미국의 일상회화에 익숙해진다.

□ 정미선 지음 / 신국판 / 144면
□ 정가 7,500원 (테이프 1개 포함)

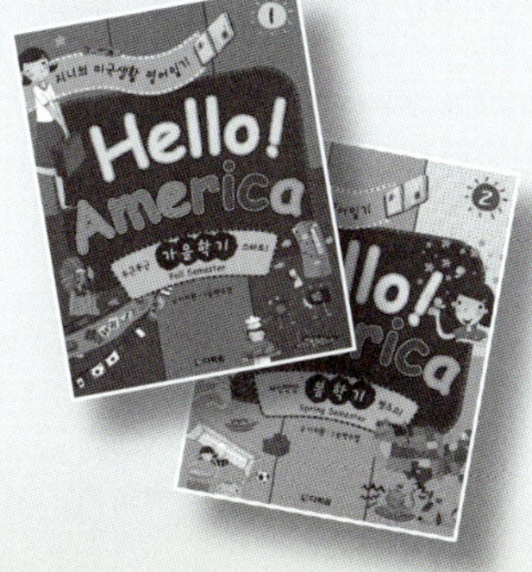

지니의 미국생활 영어일기 Hello! America (전2권)

❶ 가을학기   ❷ 봄학기

어느 한국 여학생의 미국생활 이야기를 일기 형식으로 담은 책. 1권은 '가을학기', 2권은 '봄학기'편으로, 총 1년간의 미국 학교생활 및 일상생활에 관한 흥미로운 이야기들이 담겨 있다. 미국 학생들의 실생활을 바탕으로 한 탄탄한 스토리로 살아 있는 현지 영어와 미국문화를 체험할 수 있을 뿐만 아니라, 영어 독해 및 영작 연습을 할 수 있는 아주 유용한 교재이다.

□ 이지현 지음 / 국배판 변형 / 152면
□ 정가 8,500원

〈행복한 명작 읽기〉는 기초가 약한 영어 초급자나 초, 중, 고 학생들이 보다 즐겁고 효과적으로 명작들을 읽으며 독해력을 키울 수 있도록 개발된 독해력 증강 프로그램입니다.

국판 | **Grade 1, 2, 3** 각권 6,000원(오디오 CD 1개 포함)
Grade 4, 5 각권 7,000원(오디오 CD 1개포함)
*어린왕자 8,000원(오디오 CD 2개 포함)
**고도를 기다리며 9,000원(오디오 CD 2개 포함)

책의 특징

1 골라 읽는 재미가 있다. 초보자를 위한 350단어 수준에서 중고급자를 위한 1,000단어 수준까지 5단계 구성.
2 단계별로 효과적인 영어 읽기 요령과 영문 고유의 참맛을 느낄 수 있는 장치가 곳곳에.
3 읽기만 해도 영어의 키가 쑥쑥 – 해석을 돕는 돼지꼬리( ), 영어표현 및 문법 설명, 퀴즈가 왕창.
4 체계적인 듣기 학습까지. 전문 미국 성우들의 생동감 넘치는 원음을 담은 오디오 CD 제공.

Grade 1 Beginner	Grade 2 Elementary	Grade 3 Pre-intermediate	Grade 4 intermediate	Grade 5 Upper-intermediate
350words	**450**words	**600**words	**800**words	**1000**words
1 미녀와 야수	11 이솝 이야기	21 톨스토이 단편선	31 오페라 이야기	41 센스 앤 센서빌리티
2 인어공주	12 큰 바위 얼굴	22 크리스마스 캐럴	32 오페라의 유령	42 노인과 바다
3 크리스마스 이야기	13 빨간머리 앤	23 비밀의 화원	33 어린 왕자*	43 위대한 유산
4 성냥팔이 소녀 외	14 플랜더스의 개	24 헬렌 켈러, 나의 이야기	34 돈키호테	44 셜록 홈즈 베스트
5 성경 이야기 1	15 키다리 아저씨	25 베니스의 상인	35 안네의 일기	45 포 단편선
6 신데렐라	16 성경 이야기 2	26 오즈의 마법사	36 고도를 기다리며**	46 드라큘라
7 정글북	17 피터팬	27 이상한 나라의 앨리스	37 투명인간	47 로미오와 줄리엣
8 하이디	18 행복한 왕자 외	28 로빈 후드	38 오 헨리 단편선	48 주홍글씨
9 아라비안 나이트	19 몽테크리스토 백작	29 80일 간의 세계 일주	39 레 미제라블	49 안나 카레니나
10 톰 아저씨의 오두막	20 별 | 마지막 수업	30 작은 아씨들	40 그리스 로마 신화	50 나에겐 꿈이 있습니다 –명연설문 모음

쉬운 영문을 통해 영어 독해에 대한 막연한 두려움을 없앤다

실력에 맞게 효과적으로 끊어 읽으며 직독직해 훈련을 한다.

영문판 원서 도전을 위한 전 단계의 준비과정이다.

왕초보 기초다지기

실력 굳히기

영어의 맛
제대로 느끼기